Índice

1. Introdução   2
2. Capítulo Um: Definindo Metas e Visão Compartilhada   3
3. Capítulo Dois: Planejamento Estratégico e Tático   28
4. Capítulo Três: Construindo uma Cultura de Comunicação Eficaz   39
5. Capítulo Quatro: Delegação Eficaz de Tarefas   50
6. Capítulo Cinco: Treinamento e Desenvolvimento Contínuo   62
7. Capítulo Seis: Motivação e Responsabilidade   69
8. Capítulo Sete: Melhoria Contínua e Inovação   85
9. Capítulo Oito: Adaptação e Resposta às Mudanças   92
10. Capítulo Nove: Liderança pelo Exemplo   102
11. Capítulo Dez: Participação e Tomada de Decisões Coletiva   107
12. Capítulo Onze: Desenvolvimento de um Ambiente de Trabalho Colaborativo   120
13. Capítulo Doze: Avaliação Regular de Desempenho   134
14. Capítulo Treze: Sustentabilidade e Responsabilidade Social   147
15. Capítulo Catorze: Lições Aprendidas e Visão Futura   155
16. Conclusão   158

Introdução

Em um mundo em rápida mudança, empresas e indivíduos tornaram-se o centro da transformação e renovação contínua. Hoje, cada um de nós vive em uma sociedade marcada pelo dinamismo e por múltiplos desafios, exigindo o desenvolvimento de visões futuras baseadas em experiências e aprendizado contínuo. Este livro apresenta uma jornada repleta de conquistas e desafios, entrelaçada com valiosas lições extraídas de experiências reais, destacando a importância da inovação, adaptação e sustentabilidade na construção de um futuro próspero.

Ao abordar temas variados como comunicação eficaz, diversidade cultural e inovação sustentável, este livro nos leva a uma jornada exploratória que mostra como superar desafios e aproveitar oportunidades para construir um futuro mais brilhante e sustentável.

Capítulo Um: Definindo Objetivos e Visão Compartilhada

Descobrindo o Problema

Quando Adam assumiu o cargo de CEO na "Tech Excel", ele começou a examinar profundamente a situação atual da empresa. Ele queria entender as razões que levaram ao declínio do desempenho da empresa e à perda de sua posição no mercado. Adam realizou uma série de reuniões individuais com gerentes e funcionários para coletar informações e compreender os desafios que estavam enfrentando.

Reunião com Leila, Diretora Financeira:
Em uma das reuniões com Leila, Adam descobriu que havia grandes discrepâncias nos orçamentos destinados aos projetos. Leila disse: "Temos muitos projetos, mas não há uma visão clara de como distribuir os recursos. Todos estão trabalhando em objetivos de curto prazo sem pensar na estratégia maior."

Reunião com Kareem, Diretor de Marketing:
Durante sua reunião com Kareem, Adam soube que as equipes de marketing estavam trabalhando em campanhas inconsistentes direcionadas a diferentes mercados sem uma orientação clara. "Cada equipe acha que sabe o que é melhor, mas carecemos de uma visão unificada para coordenar nossos esforços. O resultado é que estamos perdendo o foco e os clientes não veem uma imagem consistente da nossa marca", explicou Kareem.

Reunião com Sara, Diretora de Recursos Humanos:
A reunião de Adam com Sara revelou uma falta de motivação entre os funcionários. Sara disse: "Os funcionários estão frustrados devido à falta de objetivos

claros. Eles não sabem como seus esforços contribuem para o sucesso geral da empresa. Há muita ambiguidade e confusão."

Reunião com Youssef, Diretor de Tecnologia:
Na sua reunião com Youssef, Adam percebeu que a equipe de tecnologia estava trabalhando em projetos de desenvolvimento de tecnologias avançadas sem alinhamento com as necessidades atuais do mercado. "Estamos colocando muito esforço no desenvolvimento de tecnologias que não interessam aos clientes no momento. Precisamos de uma visão clara para orientar nossa pesquisa e desenvolvimento," explicou Youssef.

Análise de Dados:
Após essas reuniões, Adam pediu à equipe de análise para coletar dados sobre o desempenho dos projetos passados e atuais. Os dados mostraram grandes discrepâncias nos resultados dos projetos e muitos não atingiram os objetivos esperados. Ficou claro que a empresa carece de uma direção estratégica unificada.

Reunião Inicial
O Nó e os Desafios
Adam realizou uma reunião com a equipe de liderança, que incluía os principais gerentes da empresa: Sara, Gerente de Recursos Humanos; Karim, Gerente de Marketing; Leila, Gerente Financeira; e Youssef, Gerente de Tecnologia, para compartilhar suas observações e conclusões.

Adam: "Bem-vindos a todos. Obrigado por estarem aqui hoje. Queria discutir alguns pontos importantes sobre a visão da empresa e nossos objetivos comuns. Vamos começar com uma pergunta simples. Qual é a visão atual da empresa?"

Sara: "Acredito que nossa visão é nos tornarmos a empresa líder em tecnologia avançada."

Karim: "Sim, mas vejo nossa visão mais focada em oferecer soluções de marketing inovadoras para pequenas e médias empresas."

Leila: "Do meu ponto de vista, a visão gira em torno de alcançar a sustentabilidade financeira e o crescimento sustentável."

Youssef: "Para mim, nossa visão é estar na vanguarda da inovação tecnológica e fornecer produtos de alta qualidade."

Adam: "Vejo que há um conflito nas visões. Parece que nos falta uma visão unificada. Vamos passar para a próxima pergunta. Quais são os objetivos que pretendemos alcançar?"

Sara: "Nossos objetivos são melhorar a experiência dos funcionários e desenvolver suas habilidades."

Karim: "Nossos objetivos de marketing são aumentar a participação no mercado em 15% no próximo ano."

Leila: "Nosso objetivo financeiro é melhorar os retornos sobre investimentos e reduzir despesas."

Youssef: "Pretendemos fazer progressos significativos no desenvolvimento de nossos novos produtos e lançá-los no mercado antes do final do ano."

Adam: "Mais uma vez, noto que há uma disparidade nos objetivos. Parece que as diferentes equipes estão buscando objetivos diferentes. A última pergunta: como os esforços das diferentes equipes se alinham para alcançar esses objetivos?"

Sara: "Estamos trabalhando para melhorar o ambiente de trabalho e oferecer programas de treinamento."

Karim: "Estamos focados em campanhas de marketing e parcerias estratégicas."

Leila: "Monitoramos as despesas e procuramos novas oportunidades de investimento."

Youssef: "Estamos trabalhando no desenvolvimento de produtos e na melhoria da qualidade."

Adam: "Obrigado a todos pelas suas contribuições. Está claro que temos visões e objetivos diferentes. Este conflito confirma para mim que a empresa carece de uma visão unificada e de objetivos comuns. Se quisermos restaurar a posição da 'Tech Excel' no mercado, precisamos nos unir sob uma visão e objetivos comuns. Isso não é uma opção, mas uma necessidade. Precisamos trabalhar juntos para estabelecer uma visão abrangente que esteja alinhada com nossos objetivos e direções estratégicas."

Sara: "Acho que precisamos de uma sessão especial para definir essa visão e esses objetivos."

Karim: "Concordo com você, Sara. Precisamos garantir que todas as equipes estejam trabalhando para os mesmos objetivos."

Leila: "Sim, e isso nos ajudará a melhorar a coordenação entre os diferentes departamentos."

Youssef: "Exatamente. Se tivermos uma visão clara e objetivos comuns, seremos capazes de alcançar resultados muito melhores."

Adam: "Então, vamos agendar uma sessão de trabalho especial focada em definir a visão da empresa e os objetivos comuns. Precisamos sair dela com uma visão unificada e objetivos claros que todas as equipes possam trabalhar."

Todos: "Concordo."

Apresentação Visual

Adam usou uma apresentação visual para mostrar como uma visão clara pode guiar a equipe e ajudar a alcançar o sucesso. Ele mostrou exemplos de empresas bem-sucedidas e como uma visão unificada contribuiu para o sucesso delas. Ele também explicou a diferença entre trabalhar em projetos dispersos e trabalhar com uma visão e objetivos unificados.

Discussão e Desafios

No início, houve algumas reservas. Sarah apontou que os funcionários podem se sentir ansiosos com as novas mudanças. Karim acrescentou que o mercado está mudando rapidamente e que nossa visão precisa ser flexível.

Adam respondeu: "Entendo suas preocupações, mas sem uma direção clara, continuaremos a nos mover sem rumo. Precisamos estar preparados para nos adaptar, mas precisamos começar de algum lugar."

Após uma longa discussão, a equipe concordou em começar a desenvolver uma visão compartilhada e objetivos estratégicos.

Sarah: "Acho que precisamos de uma sessão especial para definir essa visão e esses objetivos."

Karim: "Concordo com você, Sarah. Precisamos garantir que todas as equipes estejam trabalhando em direção aos mesmos objetivos."

Leila: "Sim, e isso nos ajudará a melhorar a coordenação entre os diferentes departamentos."

Youssef: "Exatamente. Se tivermos uma visão clara e objetivos compartilhados, seremos capazes de obter resultados muito melhores."

Adam: "Então, vamos marcar uma sessão de trabalho especial focada na definição da visão da empresa e dos objetivos compartilhados. Precisamos sair dela com uma visão unificada e objetivos claros nos quais todas as equipes possam trabalhar."

Todos: "Concordo."

Definição da Visão
Sessões de Trabalho

Foram organizadas sessões de trabalho intensas, nas quais todos os membros da equipe participaram na definição da visão e dos objetivos. O objetivo era reunir ideias e chegar a um consenso sobre a visão futura da empresa. Estas sessões foram interativas e incluíram exercícios de brainstorming e discussões intensas sobre os valores fundamentais importantes para a empresa e o que a equipe deseja alcançar a longo prazo.

Adam: "Bem-vindos a estas sessões intensivas. Nosso objetivo hoje é definir uma visão e objetivos unificados para a empresa. Vamos começar com um exercício de brainstorming. Quero que cada um de vocês compartilhe sua visão para o futuro e os valores fundamentais que acredita serem importantes para a empresa."

Sara: "Para mim, acredito que um dos valores fundamentais deve ser o foco no desenvolvimento das habilidades e capacidades pessoais de nossos funcionários. Isso nos ajudará a construir uma equipe forte e coesa."

Karim: "Concordo com você, Sara. Mas, do meu ponto de vista, acredito que a inovação deve estar no centro da nossa visão. Precisamos oferecer soluções inovadoras aos nossos clientes para nos destacarmos no mercado."

Leila: "Concordo com ambos, mas também precisamos nos concentrar na sustentabilidade financeira. Precisamos garantir que todas as nossas decisões apoiem o crescimento sustentável e minimizem os riscos financeiros."

Youssef: "Acredito que a qualidade é o valor fundamental. Se nos concentrarmos em fornecer produtos de alta qualidade, ganharemos a confiança de nossos clientes e alcançaremos o sucesso a longo prazo."

Adam: "Essas são ótimas ideias. Agora, vamos falar sobre a visão futura. Como vocês veem a empresa daqui a cinco anos?"

Sara: "Vejo a empresa como líder em proporcionar um ambiente de trabalho ideal, onde cada funcionário aproveita seu trabalho e avança em sua carreira."

Karim: "E vejo a empresa na vanguarda da inovação tecnológica, com uma forte presença nos mercados globais."

Leila: "Aspiro a que sejamos uma empresa financeiramente estável, com uma gama diversificada de produtos e serviços que alcançam lucros sustentáveis."

Youssef: "E vejo que devemos ser conhecidos pela qualidade de nossos produtos e serviços, com uma base de clientes ampla e leal."

Adam: "Excelente. Agora vamos trabalhar para integrar essas ideias em uma visão unificada. Como podemos formular uma visão que abranja todos esses aspectos?"

Sara: "Talvez possamos dizer: 'Liderar a inovação na indústria tecnológica e fornecer soluções que atendam e superem as expectativas dos clientes.'"

Karim: "Eu gosto disso. É uma visão abrangente que combina inovação, qualidade e satisfação do cliente."

Leila: "De acordo. E isso também inclui indiretamente o aspecto financeiro, ao atender às expectativas dos clientes de maneira inovadora."

Youssef: "Acredito que essa é uma visão integrada. Ela inclui inovação, qualidade, desenvolvimento profissional e sustentabilidade financeira."

Adam: "Ótimo. Agora temos uma nova visão: 'Liderar a inovação na indústria tecnológica e fornecer soluções que atendam e superem as expectativas dos clientes.' Esta visão será a nossa estrela-guia para o futuro. Vamos agora transformar essa visão em objetivos práticos."

Sara: "Sugiro que tenhamos um objetivo de melhorar o nível de treinamento e desenvolvimento em 20% ao ano."

Karim: "E podemos definir o objetivo de aumentar nossa participação de mercado em 15% nos próximos dois anos."

Leila: "E acredito que devemos visar uma taxa de crescimento dos lucros anuais de pelo menos 10%."

Hala: "Nas relações públicas, acredito que devemos ter como objetivo melhorar a satisfação dos clientes em 20% no próximo ano e melhorar a imagem geral da empresa por meio de campanhas eficazes de relações públicas. Devemos também desenvolver um sistema de atendimento ao cliente excelente que atenda rapidamente e eficientemente às expectativas dos clientes."

Youssef: "E eu adicionaria um objetivo de melhorar a qualidade de nossos produtos, reduzindo a taxa de erros para menos de 2%."

Adam: "Esses são ótimos objetivos. Vamos começar a desenvolver um plano de ação para atingir esses objetivos. Definiremos as responsabilidades e os recursos necessários para cada objetivo e acompanharemos o progresso regularmente."

Sara: "Este é um excelente começo, Adam. Estou entusiasmada para trabalhar na realização dessa visão e desses objetivos."

Karim: "Eu também. Vamos começar a trabalhar e alcançar esses objetivos juntos."

Adam: "Obrigado a todos pela sua participação ativa. Estou confiante de que nossa colaboração resultará em grande sucesso para a empresa. Mas precisamos compartilhar esses objetivos com cada equipe na empresa e discuti-los para garantir o compromisso e a motivação de todos."

A Nova Visão

No final, eles chegaram a uma nova visão que visa "Liderar a inovação na indústria tecnológica e fornecer soluções que atendam às necessidades dos clientes e superem suas expectativas." No entanto, Adam e a equipe de liderança não se limitaram a definir os objetivos sozinhos; garantiram envolver todas as equipes da empresa para assegurar o compromisso e a motivação de todos. Realizaram reuniões com cada departamento para discutir os objetivos e como cada equipe poderia contribuir para alcançá-los. Esta participação ativa aumentou o sentido de responsabilidade e pertença entre os funcionários.

Transformando a Visão em Metas Práticas:

Depois de definir a visão, Adam e sua equipe passaram para o próximo passo: transformar essa visão em metas estratégicas alcançáveis. Isso foi feito por meio de várias reuniões com cada departamento.

Reunião de Recursos Humanos

Adam: "Olá a todos. Estamos aqui hoje para discutir a nova visão e os objetivos que definimos para a empresa. Gostaria que falássemos sobre como o departamento de Recursos Humanos pode contribuir para alcançar esses objetivos. Sarah, você pode começar dando uma visão geral da visão e dos objetivos?"

Sarah: "Claro, Adam. Nossa visão é 'Liderar a inovação na indústria tecnológica e fornecer soluções que atendam e superem as expectativas dos clientes.' Para alcançar essa visão, estabelecemos várias metas estratégicas, incluindo melhorar o nível de treinamento e desenvolvimento em 20% ao ano."

Adam: "Isso mesmo. Agora, quero ouvir todos vocês. Como vocês acham que o departamento de Recursos Humanos pode contribuir para alcançar essa meta?"

Mohammed: "Acho que precisamos desenvolver novos programas de treinamento focados em inovação e tecnologias modernas. Podemos trazer especialistas externos para ministrar alguns cursos avançados."

Maryam: "Sim, e também podemos oferecer sessões de treinamento interno onde funcionários experientes compartilhem seus conhecimentos com a equipe. Isso ajudará a melhorar a comunicação interna e a transferência de conhecimento."

Ali: "Acredito que devemos nos concentrar no desenvolvimento de habilidades de liderança e gestão entre os novos funcionários. Podemos projetar programas de treinamento especiais para futuros líderes potenciais."

Sarah: "Essas são ótimas ideias. Além disso, podemos usar a tecnologia para melhorar a experiência de treinamento, como o uso de plataformas de e-learning e treinamento online."

Adam: "Estou feliz em ouvir essas ideias inovadoras. É importante que garantamos que todos os programas de treinamento estejam alinhados com a visão da empresa e apoiem nossas metas estratégicas. Sarah, você pode coordenar esses esforços e desenvolver um plano de ação claro para alcançar essa meta?"

Sarah: "Claro, Adam. Vou trabalhar com a equipe para desenvolver um plano de ação que inclua todas essas ideias e começar a implementá-lo imediatamente."

Adam: "Ótimo. Também gostaria que estabelecêssemos um sistema para medir nosso progresso e alcançar a meta desejada. Podemos estabelecer Key Performance Indicators (KPIs) e monitorá-los regularmente."

Mohammed: "Podemos usar relatórios periódicos para medir a eficácia dos programas de treinamento e avaliar as melhorias no desempenho dos funcionários."

Maryam: "E também podemos coletar regularmente feedback dos funcionários sobre os programas de treinamento para garantir que estamos atendendo às suas necessidades e expectativas."

Adam: "Excelente. Então, vamos começar a trabalhar nessas ideias e garantir que o departamento de Recursos Humanos contribua efetivamente para alcançar a visão e as metas da empresa. Obrigado a todos pelo entusiasmo e dedicação."

Todos: "Obrigado, Adam. Estamos prontos para começar."

Reunião do Departamento Financeiro
Adam: "Olá a todos. Obrigado por estarem aqui hoje. Como sabem, estamos trabalhando para alcançar nossa nova visão de 'Liderar a inovação na indústria de tecnologia e fornecer soluções que atendam e superem as

expectativas dos clientes.' Para alcançar essa visão, estabelecemos uma série de objetivos estratégicos. Leila, você pode dar uma visão geral dos objetivos financeiros que queremos alcançar?"

Leila: "Certamente, Adam. Entre os objetivos que estabelecemos, buscamos atingir um crescimento anual de lucros de no mínimo 10% e garantir uma forte sustentabilidade financeira. Precisamos focar na melhoria da eficiência financeira e melhor gerenciamento dos recursos."

Adam: "Ótimo. Agora, gostaria de ouvir de todos vocês. Como o departamento financeiro pode contribuir efetivamente para alcançar esses objetivos?"

Ahmed: "Acredito que precisamos melhorar nossos processos de análise financeira. Podemos usar ferramentas analíticas avançadas para identificar melhor as oportunidades e riscos."

Fatima: "Sim, e também podemos revisar os custos operacionais e identificar áreas onde podemos reduzir despesas sem comprometer a qualidade do trabalho."

Khaled: "Podemos também melhorar a colaboração entre os departamentos para garantir que todas as decisões financeiras estejam alinhadas com os objetivos estratégicos da empresa. Talvez possamos oferecer workshops de treinamento para os outros departamentos sobre gestão de orçamento e financiamentos."

Leila: "Estas são boas ideias. Podemos também melhorar nosso sistema de gestão de caixa para garantir que tenhamos liquidez suficiente para enfrentar qualquer emergência. Além disso, podemos trabalhar para melhorar a precisão de nossas previsões financeiras."

Adam: "Excelente. É muito importante que tenhamos um plano financeiro integrado que apoie todos os aspectos de nossa visão. Leila, você pode coordenar os esforços e desenvolver um plano de ação para alcançar esses objetivos?"

Leila: "Certamente, Adam. Vou trabalhar com a equipe para desenvolver um plano que inclua análise de despesas, melhoria da eficiência financeira e promoção da colaboração entre os departamentos. Vamos monitorar o progresso regularmente e preparar relatórios periódicos."

Ahmed: "Podemos também desenvolver um sistema para monitorar os indicadores de desempenho financeiro (KPIs) para garantir que os objetivos sejam alcançados de forma eficaz."

Fatima: "Sugiro realizar reuniões periódicas para revisar o desempenho financeiro e identificar quaisquer desafios potenciais antecipadamente."

Adam: "Ótima ideia. Então, vamos começar a trabalhar nessas ideias e garantir que o departamento financeiro desempenhe um papel fundamental na realização da visão da empresa. Obrigado a todos pelo compromisso e dedicação."

Todos: "Obrigado, Adam. Estamos prontos para começar."

Reunião do Departamento de Marketing

Adam: "Olá a todos. Estou feliz em vê-los hoje. Estamos aqui para discutir como o departamento de marketing pode contribuir para alcançar nossa nova visão de 'Liderar a inovação na indústria tecnológica e fornecer soluções que atendam e superem as expectativas dos clientes.' Karim, você pode dar uma visão geral dos objetivos de marketing que pretendemos alcançar?"

Karim: "Claro, Adam. Nosso objetivo é aumentar nossa participação no mercado em 15% nos próximos dois anos e melhorar a conscientização da marca a nível global. Também pretendemos desenvolver campanhas de marketing inovadoras que atraiam novos clientes e retenham os atuais."

Adam: "Ótimo. Agora, gostaria de ouvir todos vocês. Como vocês acham que o departamento de marketing pode contribuir efetivamente para alcançar esses objetivos?"

Nada: "Acredito que podemos aproveitar melhor o marketing digital. Podemos melhorar nossa presença nas plataformas de mídia social e aumentar o engajamento do público através de conteúdos distintos e envolventes."

Omar: "Sim, e também podemos desenvolver campanhas publicitárias direcionadas a novos mercados. Podemos usar dados para analisar o comportamento dos clientes e identificar novas oportunidades de crescimento."

Maya: "Também vemos uma oportunidade em colaborar com influenciadores digitais que podem promover nossos produtos de maneiras inovadoras e alcançar um público amplo."

Karim: "Essas são ótimas ideias. Podemos também organizar eventos online e webinars para mostrar nossas novas tecnologias e soluções inovadoras, o que melhorará nossa presença e aumentará o interesse dos clientes em nossos produtos."

Adam: "Excelentes ideias. É importante sermos criativos em nossas estratégias de marketing. Karim, você pode coordenar esses esforços e desenvolver um plano de ação detalhado para alcançar esses objetivos?"

Karim: "Absolutamente, Adam. Vou trabalhar com a equipe para desenvolver um plano abrangente que inclua todas essas ideias. Vamos nos concentrar em melhorar nossas campanhas de marketing e aumentar nosso engajamento com os clientes atuais e potenciais."

Nada: "Também podemos fornecer relatórios periódicos para monitorar o desempenho das campanhas e ajustá-las conforme necessário para maximizar a eficácia."

Omar: "Sugiro criar uma equipe interna para analisar continuamente os dados de marketing e fornecer recomendações para melhorar o desempenho."

Adam: "Ótima ideia, Omar. Vamos garantir que todas as nossas decisões sejam baseadas em dados precisos e análises aprofundadas. Então, vamos começar a implementar essas ideias e garantir que o departamento de marketing desempenhe um papel fundamental na realização de nossa visão. Obrigado a todos pela dedicação e criatividade."

Todos: "Obrigado, Adam. Estamos prontos para começar."

Reunião do Departamento de Relações Públicas e Atendimento ao Cliente

Adam: "Olá a todos. Obrigado por estarem aqui hoje. Como sabem, estamos todos a trabalhar para alcançar a nossa nova visão de 'Liderar a inovação na indústria tecnológica e fornecer soluções que atendam e superem as expectativas dos clientes.' Hala, podes dar uma visão geral dos objetivos que pretendemos alcançar no departamento de Relações Públicas e Atendimento ao Cliente?"

Hala: "Certamente, Adam. Pretendemos melhorar a satisfação dos clientes em 20% no próximo ano e melhorar a imagem geral da empresa através de campanhas de relações públicas eficazes. Também pretendemos desenvolver um sistema de atendimento ao cliente excelente que atenda às expectativas dos clientes de forma rápida e eficiente."

Adam: "Ótimo. Gostaria de ouvir as vossas ideias sobre como alcançar esses objetivos. Como pode o departamento de Relações Públicas e Atendimento ao Cliente contribuir eficazmente para isso?"

Ahmed: "Acho que precisamos melhorar os nossos canais de comunicação com os clientes. Podemos usar as redes sociais de forma mais eficaz para interagir com os clientes e responder às suas dúvidas mais rapidamente."

Laila: "Sim, e também podemos estabelecer um sistema integrado de Gestão de Relacionamento com Clientes (CRM) que nos ajude a acompanhar as consultas dos clientes e resolver os seus problemas de forma mais eficaz."

Khaled: "Podemos organizar workshops de formação para a equipa de atendimento ao cliente para melhorar as suas competências no tratamento dos clientes e fornecer um serviço excepcional."

Hala: "Essas são ótimas ideias. Podemos também organizar campanhas de relações públicas que se concentrem nas histórias de sucesso dos nossos clientes e em como as nossas tecnologias ajudaram a melhorar os seus negócios. Isto melhorará a imagem da empresa e aumentará a confiança dos clientes."

Adam: "Excelentes ideias. É fundamental que tenhamos um sistema integrado que melhore a satisfação dos clientes e a imagem da empresa. Hala, podes coordenar esses esforços e desenvolver um plano de ação detalhado para alcançar esses objetivos?"

Hala: "Claro, Adam. Vou trabalhar com a equipa para desenvolver um plano abrangente que inclua a melhoria dos canais de comunicação, a utilização do CRM e a organização de campanhas de relações públicas eficazes."

Ahmed: "Podemos também fornecer relatórios regulares para monitorizar a satisfação dos clientes e analisar os seus comentários para identificar áreas que precisam de melhorias."

Laila: "Sugiro realizar pesquisas regulares para medir a satisfação dos clientes e recolher continuamente os seus comentários."

Adam: "Ótima ideia, Laila. Vamos garantir que ouvimos os nossos clientes e trabalhamos continuamente para atender às suas expectativas. Vamos começar a implementar essas ideias e garantir que o departamento de Relações Públicas e Atendimento ao Cliente desempenhe um papel fundamental na realização da nossa visão. Obrigado a todos pelo vosso compromisso e dedicação."

Todos: "Obrigado, Adam. Estamos prontos para começar."

Neste diálogo, é mostrado como os departamentos podem contribuir para alcançar a visão e os objetivos da empresa, e a mesma abordagem foi seguida com outros departamentos.

Estabelecimento de metas SMART

Para implementar a visão de forma eficaz, Adam garantiu que os objetivos fossem Específicos, Mensuráveis, Alcançáveis, Relevantes e com um Prazo definido (SMART).

Os objetivos foram divididos em três categorias principais:
1. Inovação tecnológica: **Desenvolver produtos e serviços inovadores que resolvam problemas reais e atendam às necessidades do mercado.**
2. Expansão de mercado: **Entrar em novos mercados e aumentar a participação de mercado nos mercados existentes.**
3. Melhoria da experiência do cliente: **Proporcionar a melhor experiência ao cliente melhorando a qualidade dos produtos e serviços e o suporte ao cliente**

Acompanhamento da Implementação

Após definir a visão e os objetivos, Adam e sua equipe começaram a implementá-los em toda a empresa nos meses seguintes. Foram organizados workshops para todos os funcionários para explicar a visão e os objetivos e como alcançá-los. Também foi estabelecido um plano executivo com etapas claras para atingir os objetivos especificados.

Nova Visão, Novo Sucesso

Foi definido o objetivo de desenvolver um novo produto em 12 meses, direcionado ao mercado emergente e alcançando uma taxa de satisfação do cliente de 90%.

Um dos primeiros projetos implementados foi redesenhar o site da empresa para refletir a nova visão e foco na inovação.

O resultado foi um aumento de 50% no tráfego do site e uma melhoria significativa na interação dos clientes com os novos produtos.

Após um período de implementação da nova visão, Adam e sua equipe enfrentaram um grande desafio.

As ações da empresa caíram repentinamente devido ao surgimento de um forte concorrente no mercado oferecendo produtos inovadores a preços competitivos.

Esta situação foi um ponto de virada dramático que forçou a equipe a reavaliar suas estratégias e se adaptar rapidamente aos novos desafios.

Reunião de Emergência

Adam realizou uma reunião de emergência com a equipe de liderança para discutir a nova crise. A reunião começou com uma apresentação analítica da situação atual do mercado e o impacto do novo concorrente nas ações da empresa.

"Temos trabalhado arduamente para alcançar nossa nova visão, mas o novo concorrente virou o jogo contra nós. Precisamos de uma resposta rápida e eficaz para manter nossa posição no mercado", disse Adam seriamente.

Interação Complexa
Diante desse desafio, a tensão entre os gerentes aumentou.
Leila estava preocupada com o orçamento e o impacto das novas mudanças nos recursos financeiros.
"Se investirmos em novas tecnologias agora, corremos o risco de falir a empresa. Precisamos de uma estratégia mais conservadora", disse Leila com firmeza.

Por outro lado, Youssef estava entusiasmado com o uso de novas tecnologias para enfrentar a concorrência.
"Precisamos ser ousados. A inovação é o que atrairá os clientes de volta para nós. Se não avançarmos agora, perderemos a oportunidade", respondeu Youssef com paixão.

Intervenção de Adam
Adam percebeu que a tensão estava aumentando entre os gerentes e que a discordância poderia interromper o processo de tomada de decisão. Ele interveio sabiamente, enfatizando a importância da unidade e do trabalho em equipe para superar a crise.
"Estamos aqui não para discordar, mas para encontrar soluções. Temos uma visão e objetivos, e devemos ser flexíveis na forma como os alcançamos. Vamos combinar cautela e inovação para avançar passo a passo."

Revisão Periódica e Ajuste
Os objetivos e a visão não eram fixos e imutáveis. Adam estabeleceu um sistema para revisar periodicamente os objetivos, de modo que pudessem ser ajustados e atualizados com base nas mudanças de mercado e no ambiente competitivo.
Essa flexibilidade ajudou a empresa a se manter à frente e acompanhar os desafios.

Sistema de Revisão Periódica

Adam e sua equipe decidiram se reunir a cada três meses para revisar o desempenho e avaliar o progresso em direção ao alcance dos objetivos. Indicadores-Chave de Desempenho (KPIs) foram usados para medir o sucesso e identificar áreas que precisavam de melhoria. "Precisamos estar prontos para mudar nosso curso, se necessário. O mercado muda rapidamente, e precisamos ser flexíveis e capazes de nos adaptar a essas mudanças", disse Adam em uma das reuniões periódicas.

Resultados da Adaptação

Graças a essas revisões periódicas, a empresa conseguiu se adaptar rapidamente aos novos desafios. Por exemplo, alguns projetos foram ajustados para alinhar-se às novas tendências de mercado, e projetos que não eram mais viáveis foram cancelados. Essa flexibilidade e adaptabilidade ajudaram a empresa a recuperar seu equilíbrio e crescer novamente. Através da cooperação e do trabalho em equipe, a equipe desenvolveu novas estratégias e preencheu lacunas no mercado.

As ações da empresa subiram novamente, provando que "Tech Excel" poderia se adaptar e crescer mesmo nas condições mais difíceis.

Lições Aprendidas:

1. **Importância de uma Visão Compartilhada:**
   - A visão é a bússola que guia todos em direção ao objetivo comum.
   - Contribui para unificar esforços e melhorar a cooperação da equipe.
2. **Transformar a Visão em Metas Práticas:**
   - As metas devem ser específicas e mensuráveis para alcançar progresso real.
   - Metas SMART garantem clareza e organização na execução da visão.
3. **Participação Efetiva:**
   - Envolver todos os membros na definição de metas melhora o comprometimento e a motivação.
   - Colaboração e participação aumentam o senso de pertencimento e responsabilidade.
4. **Flexibilidade na Ajuste:**
   - As metas devem ser ajustáveis com base nas mudanças no ambiente circundante.
   - Revisões periódicas garantem que a empresa permaneça à frente e capaz de se adaptar aos desafios.

Ferramentas e Exercícios Práticos

Ferramenta: Cartão de Visão e Metas

Desenvolva um cartão de Visão e Metas que cada departamento possa usar para garantir que seus esforços estejam alinhados com a visão geral da empresa.

1. **Visão:** Clarificar a visão geral da empresa.
2. **Metas Estratégicas:** Identificar 3-5 metas estratégicas.
3. **Indicadores Chave de Desempenho (KPIs):** Identificar indicadores para medir o progresso em direção às metas.
4. **Atividades Principais:** Descrever as atividades que ajudarão a alcançar as metas.

Exercício: Sessão de Brainstorming

Reúna sua equipe para uma sessão de brainstorming para definir a visão e as metas do seu departamento. Use as seguintes perguntas como guia:

- Qual é a direção estratégica da empresa?
- Quais metas precisam ser alcançadas para realizar essa visão?
- Como podemos medir o progresso?

Citações Inspiradoras

"A visão não é apenas uma imagem do que poderia ser; é um apelo ao nosso melhor eu, um convite para nos tornarmos algo mais." - Jonathan Swift

"As metas não são sonhos; são planos com um prazo." - Harvey Mackay

---

Perguntas para Discussão

1. Como uma visão clara pode impactar o desempenho da equipe?
2. Quais desafios podem surgir ao tentar estabelecer uma visão compartilhada?
3. Como podemos garantir que todos os membros da equipe estejam comprometidos com a visão e metas compartilhadas?

Capítulo Dois: Planejamento Estratégico e Tático

Depois que Adam e sua equipe definiram a visão e os objetivos compartilhados, o próximo passo foi desenvolver um plano estratégico e tático claro para alcançar esses objetivos. Adam percebeu que o sucesso não pode ser alcançado sem um plano bem pensado e integrado para guiar a empresa em direção à sua visão.

Reunião de Planejamento Estratégico

Adam realizou uma reunião extensa com a equipe de liderança para discutir os planos estratégicos e táticos. Todos os principais gerentes participaram da reunião: Sarah, Kareem, Leila, Youssef, Hala, juntamente com alguns funcionários-chave de vários departamentos.

"Agora que definimos nossa visão e objetivos, precisamos traçar um plano estratégico claro para chegar lá. Este plano será nosso roteiro para alcançar o sucesso", começou Adam a reunião.

Análise da Situação Atual
Análise SWOT

A reunião começou com uma sessão de análise SWOT (Forças, Fraquezas, Oportunidades, Ameaças).

Kareem liderou esta sessão, onde a equipe identificou e avaliou os fatores internos e externos que poderiam afetar a empresa.

- Forças: Expertise da equipe em tecnologia, boa reputação da empresa.

- **Fraquezas:** Falta de recursos financeiros, ausência de certas habilidades.
- **Oportunidades:** Expansão do mercado, aumento da demanda por tecnologia moderna.
- **Ameaças:** Surgimento de novos concorrentes, flutuações do mercado.

"Esta análise nos ajudará a entender melhor nossa posição e como aproveitar nossas forças e superar nossas fraquezas", explicou Kareem.

Definição de Metas Estratégicas

Definição de Metas Estratégicas

Após a análise SWOT, a equipe identificou os principais objetivos estratégicos que orientariam a empresa nos próximos três anos. As metas foram baseadas na nova visão e nas necessidades do mercado.

- **Inovação:** Desenvolver novas tecnologias e produtos que atendam às necessidades dos clientes.
- **Expansão:** Entrar em novos mercados e aumentar a participação de mercado.
- **Eficiência:** Melhorar os processos internos e aumentar a produtividade.
- **Desenvolvimento:** Investir na formação e desenvolvimento dos funcionários.

"Precisamos ser ambiciosos, mas realistas ao mesmo tempo. Essas metas nos levarão a alcançar nossa visão", Adam enfatizou a importância de equilibrar ambição e realismo.

Planejamento Tático

Planejamento Tático

Após definir as metas estratégicas, as equipes começaram a criar planos táticos de curto prazo para alcançar essas iniciativas. Eles usaram uma abordagem de divisão para transformar grandes metas em etapas menores e mais detalhadas que poderiam ser executadas dentro de prazos específicos.

Equipe de Tecnologia

Youssef: "Certo, temos um grande objetivo de melhorar nossa plataforma tecnológica para atender às crescentes necessidades de nossos clientes. Vamos dividir esse objetivo em etapas menores. O que vocês sugerem para a primeira fase?"

Sarah (Engenheira de Software): "Acho que devemos começar analisando o feedback e os comentários dos clientes atuais para identificar as áreas que precisam de melhorias. Isso pode ser a base para definir as prioridades de desenvolvimento."

Ali (Gerente de Projeto): "Excelente. Podemos usar ferramentas de análise de dados para coletar essas informações e criar um relatório abrangente. Então, podemos dividir o trabalho em equipes menores para desenvolver cada nova funcionalidade separadamente."

Youssef: "Concordo com vocês. Vamos começar a coletar e analisar os dados durante a primeira semana e depois dedicar as duas semanas seguintes ao desenvolvimento das funcionalidades mais solicitadas."

Equipe de Marketing

Karim: "Precisamos aumentar nossa participação no mercado em 15% nos próximos dois anos. Como podemos transformar esse grande objetivo em etapas acionáveis?"

Nada (Gerente de Marketing Digital): "Podemos iniciar uma campanha de marketing abrangente nas redes sociais voltada para novos mercados. Devemos dividir essa campanha em fases, começando com a conscientização, depois engajamento e finalmente conversão."

Omar (Analista de Marketing): "Também sugiro aproveitar as análises de marketing para identificar com precisão o público-alvo e direcionar anúncios para eles de forma eficaz."

Karim: "Excelente. Vamos começar com a primeira fase da campanha, que é a fase de conscientização. Vamos dedicar o primeiro mês à criação de conteúdo atraente e à sua postagem em todos os canais sociais. Depois disso, passaremos para a fase de engajamento."

Equipe de Finanças

Layla: "Nosso objetivo é melhorar a eficiência financeira e gerenciar melhor os recursos. Como podemos dividir isso em etapas acionáveis?"

Ahmed (Contador): "Podemos começar revisando e analisando as despesas atuais para identificar áreas onde podemos reduzir custos sem afetar a qualidade do trabalho."

Fatima (Gerente de Análise Financeira): "Sim, e também podemos desenvolver um sistema para monitorar o desempenho financeiro regularmente e fornecer relatórios mensais que nos permitam acompanhar o progresso e alcançar os objetivos financeiros."

Layla: "Ótimo. Vamos dedicar as próximas duas semanas para revisar e analisar as despesas e, em seguida, começar a configurar o sistema de monitoramento e fornecer relatórios mensais."

Equipe de Atendimento ao Cliente

Hala: "Nosso objetivo é melhorar a satisfação do cliente em 20%. Como podemos alcançar isso através de etapas específicas?"

Khaled (Representante de Atendimento ao Cliente): "Podemos começar melhorando o sistema de Gerenciamento de Relacionamento com o Cliente (CRM) para rastrear todas as consultas dos clientes e resolver seus problemas mais rapidamente."

Maya (Gerente de Treinamento): "Além disso, podemos organizar workshops de treinamento para a equipe de atendimento ao cliente para melhorar suas habilidades no atendimento ao cliente e fornecer um excelente serviço."

Hala: "Excelente ideia. Vamos começar atualizando o sistema CRM no primeiro mês e, em seguida, organizar os workshops de treinamento no mês seguinte."

Dessa forma, as equipes dividem grandes objetivos estratégicos em pequenos passos táticos e acionáveis, ajudando-os a alcançar seus objetivos de maneira organizada e eficiente durante períodos de tempo especificados.

Yusuf liderou a sessão de planejamento tático para a equipe de tecnologia:
- Desenvolvendo um roteiro para novas tecnologias, priorizando pesquisa e desenvolvimento.

Layla liderou a sessão de planejamento para a equipe financeira:
- Criando um orçamento detalhado para novos projetos, determinando os recursos financeiros necessários.

Karim liderou a sessão de planejamento para a equipe de marketing:
- Desenhando campanhas de marketing direcionadas a novos mercados, melhorando a marca.

Sarah liderou a sessão de planejamento para a equipe de RH:
- Desenvolvendo novos programas de treinamento, melhorando as estratégias de recrutamento.

"O planejamento tático é como alcançamos nossos objetivos estratégicos. Cada equipe deve conhecer seu papel e se esforçar para alcançá-lo de forma eficiente," disse Adam.

Gestão e Alocação de Recursos
Um aspecto crítico do planejamento tático foi a alocação eficaz de recursos. Adam garantiu que todas as equipes tivessem os recursos necessários (financeiros, humanos,

técnicos) para implementar seus planos. Ele revisou e distribuiu os orçamentos de acordo com as prioridades.

Definir Cronogramas e Atribuir Responsabilidades
Adam e sua equipe definiram cronogramas claros para cada etapa dos planos táticos, atribuindo responsabilidades a cada membro da equipe. Eles usaram ferramentas de gerenciamento de projetos para acompanhar o progresso e garantir que os prazos fossem cumpridos.

- As ferramentas de gerenciamento de projetos são programas e softwares que ajudam as equipes e empresas a planejar, executar e acompanhar o progresso dos projetos. Essas ferramentas fornecem uma maneira de organizar o trabalho, melhorar a comunicação e garantir o cumprimento dos prazos. Algumas das ferramentas de gerenciamento de projetos mais notáveis incluem:
    - Trello
    - Asana
    - Jira
    - Microsoft Project
    - Basecamp
    - Smartsheet
    - Redmine
    - Clarizen
    - Monday.com
    - Wrike

A equipe de tecnologia da "Tech Excel" utilizou um desses programas para organizar um novo projeto de desenvolvimento de produto. Eles criaram um plano que incluía todas as tarefas, como pesquisa, desenvolvimento, teste e lançamento. As tarefas foram distribuídas aos membros da equipe com prazos definidos para cada tarefa.

- **Pesquisa:** Coletar informações e analisar o mercado.
- **Desenvolvimento:** Construir o protótipo do produto.
- **Teste:** Testar o protótipo e garantir a qualidade.
- **Lançamento:** Preparar a campanha de marketing e lançar o produto.

Usando o programa, a equipe pôde acompanhar o progresso facilmente, colaborar efetivamente e garantir o cumprimento dos prazos.

Implementação e Acompanhamento

As equipes começaram a implementar os planos táticos. Adam estabeleceu um sistema de acompanhamento periódico para garantir o progresso e o alcance dos objetivos.

- Reuniões mensais de acompanhamento: Para revisar o progresso, resolver problemas e ajustar os planos conforme necessário.
- Relatórios de desempenho regulares: Para avaliar o alcance dos objetivos e os indicadores-chave de desempenho (KPIs).
- Sessões de avaliação semestrais: Para avaliar o desempenho geral e identificar sucessos e desafios.

Adaptação às Mudanças

"Uma boa implementação requer acompanhamento contínuo e ajustes constantes. Não podemos ter sucesso se não formos flexíveis e capazes de nos adaptar",

disse Adam em uma das reuniões de acompanhamento.

A capacidade de se adaptar às mudanças era uma parte essencial do planejamento tático.
Adam entendeu que o mercado dinâmico exigia flexibilidade no planejamento e na execução.
Portanto, havia um sistema para revisar e ajustar regularmente os planos com base nas mudanças do mercado e da tecnologia.

Com esses passos, a equipe de tecnologia conseguiu desenvolver um novo produto com tecnologia inovadora, o que aumentou a fidelidade dos clientes e gerou vendas significativas.
Enquanto isso, a equipe de marketing conseguiu entrar em um novo mercado, levando a um aumento de 20% na participação de mercado da empresa.

Adam e sua equipe conseguiram estabelecer um plano estratégico e tático sólido, o que ajudou a "Tech Excel" a avançar com confiança em direção à realização de sua visão e objetivos.

Lições Aprendidas:

1. **Planejamento Estratégico Transforma Visão em Realidade:**
    - O planejamento estratégico ajuda a transformar grandes objetivos em iniciativas alcançáveis.
    - A análise SWOT contribui para entender a situação atual e identificar estratégias adequadas.
2. **Planejamento Tático Garante Execução Eficaz:**
    - Planos táticos transformam grandes objetivos em passos práticos e executáveis.
    - Estabelecer cronogramas claros e distribuir responsabilidades garante comprometimento e execução organizados.
3. **Gestão Eficiente de Recursos:**
    - A alocação eficaz de recursos garante que as equipes tenham o que precisam para alcançar os objetivos.
    - Revisar orçamentos e priorizar alocações melhora a eficácia da execução.
4. **Acompanhamento Regular e Adaptação às Mudanças:**
    - Reuniões de acompanhamento regulares ajudam a manter o impulso.
    - A capacidade de se adaptar às mudanças garante sucesso contínuo e evita falhas.

Ferramentas e Exercícios Práticos
Ferramenta: Modelo de Plano Estratégico

1. **Visão:** Descrever a visão geral da empresa.
2. **Metas Estratégicas:** Identificar 3-5 metas estratégicas principais.
3. **Análise Interna e Externa:** Usar a análise SWOT.
4. **Planos Táticos:** Desenvolver planos para cada equipe para alcançar as metas.
5. **Indicadores de Desempenho:** Determinar KPIs para acompanhar o progresso.

Exercício: Workshop de Planejamento Estratégico

Reúna sua equipe em um workshop para identificar metas estratégicas e desenvolver planos táticos. Use a análise SWOT como ponto de partida e depois crie planos detalhados para cada equipe.

Citações Inspiradoras

"O planejamento não é o fim do pensamento, mas o começo." - Blanchard e Hagler

"Estratégia é fazer escolhas difíceis que criam uma posição única." - Michael Porter

Perguntas para Discussão

1. Qual é a importância do planejamento estratégico para alcançar metas?
2. Como a análise SWOT pode ser usada para identificar estratégias eficazes?
3. Quais desafios podem ser enfrentados no processo de planejamento tático e como podem ser superados?

Capítulo Três: Construindo uma Cultura de Comunicação Eficaz

Depois de definir a visão, os objetivos comuns e os planos estratégicos e táticos, Adam percebeu que o sucesso da "Tech Excel" dependia muito da comunicação eficaz entre os membros da equipe. Ficou claro que havia lacunas de comunicação entre as diferentes equipes dentro da empresa, levando a mal-entendidos e atrasos nos projetos.

Descobrindo Lacunas de Comunicação
A história começou quando Adam recebeu relatórios dos gerentes de departamento sobre atrasos inexplicáveis nos projetos e discrepâncias na compreensão dos objetivos entre as diferentes equipes. Adam decidiu realizar reuniões individuais com cada departamento para descobrir a fonte do problema. Através dessas reuniões, ele descobriu que a falta de comunicação eficaz era a principal causa de muitos problemas.
Portanto, ele se concentrou na construção de uma cultura de comunicação transparente e aberta.

A Importância da Comunicação Eficaz
Avaliando a Situação Atual
Adam realizou um workshop envolvendo todos os funcionários para avaliar o estado atual da comunicação dentro da empresa. Ele pediu aos funcionários que compartilhassem suas experiências e exemplos de mal-entendidos ou atrasos resultantes de uma comunicação deficiente. Alguns dos problemas incluíram:

1- Mal-entendido sobre os Requisitos do Projeto
Em um grande projeto para desenvolver um novo aplicativo, houve um mal-entendido entre a equipe de

desenvolvimento e a equipe de marketing sobre os requisitos finais do aplicativo. A equipe de marketing esperava alguns recursos adicionais que não foram claramente comunicados à equipe de desenvolvimento.

- Caso: A equipe de marketing solicitou a adição de um recurso específico no aplicativo. O pedido foi enviado por um e-mail curto e vago, sem detalhes suficientes.
- Resultado: A equipe de desenvolvimento entendeu mal o pedido e começou a desenvolver um recurso completamente diferente.
- Impacto: As equipes descobriram o problema depois de várias semanas, levando a um atraso significativo no projeto e custos aumentados devido ao tempo desperdiçado no desenvolvimento do recurso errado.

2- Atrasos na Execução de Tarefas Devido à Má Comunicação

Em outro projeto, houve um atraso na execução de tarefas críticas devido à má comunicação entre a equipe de gerenciamento de projetos e a equipe de suporte técnico.

- Caso: A equipe de gerenciamento de projetos estava esperando que a equipe de suporte técnico configurasse a infraestrutura necessária para iniciar o trabalho em determinadas tarefas. O pedido foi comunicado apenas verbalmente e não foi documentado ou acompanhado adequadamente.
- Resultado: A equipe de suporte técnico não estava ciente da alta prioridade das tarefas solicitadas e se concentrou em tarefas menos importantes.

- Impacto: Como resultado, as tarefas críticas foram atrasadas por algumas semanas, levando a um atraso no cronograma geral do projeto.

Impactos da Má Comunicação
- Atrasos no Cronograma: Mal-entendidos e má comunicação levam a atrasos significativos na execução do projeto.
- Custos Aumentados: Retrabalho e correção de erros devido a mal-entendidos levam a custos aumentados.
- Baixa Moral: Má comunicação e mal-entendidos levam à frustração da equipe e à baixa moral dos funcionários.

Como Lidar com Essas Situações
- Documentar Requisitos: Documentar clara e minuciosamente todos os requisitos e expectativas para garantir que todas as partes compreendam.
- Reuniões Regulares: Realizar reuniões regulares para revisar o progresso e garantir que todos estejam na mesma página.
- Definir Prioridades: Definir claramente as prioridades e identificar tarefas críticas para garantir o foco.

Com esses exemplos, a equipe pode entender a importância da comunicação eficaz e evitar problemas causados por mal-entendidos ou atrasos.

Através deste workshop, a equipe adquiriu uma compreensão profunda dos problemas que todos enfrentam.

Adam começou enfatizando a importância da comunicação eficaz para alcançar objetivos comuns.

Adam disse em uma reunião da equipe de liderança: "Sem comunicação eficaz, não podemos alcançar nossos objetivos. Uma boa comunicação melhora o entendimento, constrói confiança e nos ajuda a trabalhar como uma única equipe."
Com base nas suas descobertas, Adam desenvolveu uma estratégia abrangente para melhorar a comunicação.

A estratégia focou em três áreas principais:
1. **Comunicação Interna**:
    - Incentivar reuniões semanais da equipe para discutir progresso e possíveis problemas.
    - Usar ferramentas de comunicação digital como aplicativos de gerenciamento de projetos e aplicativos de mensagens instantâneas para facilitar a comunicação diária.
2. **Comunicação Interdepartamental**:
    - Organizar reuniões mensais que reúnam representantes de todos os departamentos para discutir projetos conjuntos e desafios.
    - Criar comitês de trabalho conjuntos com membros de vários departamentos para trabalhar em grandes projetos.
3. **Comunicação com a Alta Administração**:
    - Realizar reuniões trimestrais com a alta administração para revisar progresso e questões estratégicas.
    - Estabelecer um canal de comunicação direto com o CEO para perguntas e ideias.

Ferramentas de Comunicação

Escolhendo as Ferramentas de Comunicação Certas

Adam e sua equipe decidiram usar um conjunto de ferramentas de comunicação para garantir um fluxo de informações suave entre todos os membros da equipe. As ferramentas incluíam:
- Aplicativos de gerenciamento de projetos como Asana ou Trello para organizar tarefas e acompanhar o progresso.
- Aplicativos de mensagens instantâneas como Slack para melhorar a comunicação rápida e direta.
- Ferramentas de reuniões virtuais como Zoom para facilitar a comunicação entre equipes remotas.

"Precisamos escolher ferramentas que atendam às nossas necessidades e garantam uma comunicação eficaz," disse Youssef, o gerente de tecnologia.

Regras para uma Comunicação Eficaz

Estabelecendo Regras para uma Comunicação Eficaz

Adam percebeu que melhorar as ferramentas e estruturas não é suficiente sem aprimorar as habilidades de comunicação dos funcionários. Portanto, ele organizou uma série de sessões de treinamento focadas em:

- Habilidades de escuta ativa: Ensinar os funcionários a ouvir atentamente e entender os problemas e necessidades dos outros.
- Habilidades de falar claramente: Treinar os funcionários a expressar suas ideias com clareza e usar uma linguagem simples e direta.
- Habilidades de resolução de conflitos: Fornecer técnicas para gerenciar conflitos de maneira construtiva e evitar a escalada.

"A comunicação não é apenas falar, mas também ouvir. Precisamos ser bons ouvintes para entender os problemas e necessidades de nossa equipe," enfatizou Adam.

Ele então estabeleceu algumas regras básicas para uma comunicação eficaz para garantir que a comunicação na empresa seja consistente e clara:

- Clareza: As mensagens devem ser claras e diretas.
- Transparência: As informações devem ser compartilhadas de forma honesta e sem ocultar nada.
- Pontualidade: As mensagens devem ser pontuais para evitar atrasos no trabalho.
- Escuta ativa: Todos devem ouvir atentamente e fornecer feedback construtivo.

Sessões de Comunicação Regulares

Realização de Sessões de Comunicação Regulares

Para melhorar a comunicação eficaz, Adam decidiu realizar sessões de comunicação regulares com a equipe. Essas sessões incluíam:

- Reuniões semanais: Para revisar o progresso e discutir quaisquer desafios ou problemas.
- Reuniões individuais: Entre gerentes e funcionários para discutir o desempenho e fornecer orientação.
- Workshops de comunicação: Para melhorar as habilidades de comunicação entre os membros da equipe.

"Precisamos fazer da comunicação uma parte de nossa cultura diária, não apenas algo que fazemos quando surgem problemas," disse Adam em uma das reuniões.

Após um período de melhoria da comunicação, a empresa enfrentou um grande desafio. Havia um defeito em um dos produtos que levou à insatisfação dos clientes e ao aumento das reclamações. Essa situação foi um verdadeiro teste da eficácia da comunicação da equipe.

Interação Complexa

Durante a crise, houve divergência de opiniões entre os gerentes sobre como lidar com o problema.

Adam: "Olá a todos. Como vocês sabem, estamos enfrentando um grande desafio devido a um defeito em um de nossos produtos e um aumento nas reclamações dos clientes. Esta crise é um verdadeiro teste para a eficácia da nossa comunicação interna e atendimento ao cliente. Hala, como abordamos esta situação da perspectiva de relações públicas e atendimento ao cliente?"

Hala: "Precisamos ser transparentes e rápidos na nossa resposta. Devemos emitir uma declaração oficial explicando o problema e pedindo desculpas aos clientes afetados. Além disso, devemos planejar uma compensação adequada para os clientes."

Leila: "Concordo com você, Hala. Precisamos mostrar aos clientes que nos preocupamos com seus problemas e apreciamos sua paciência."

Youssef: "Mas também precisamos garantir que estamos trabalhando para resolver o problema técnico de forma rápida e eficaz para que não se repita."

Adam: "Sim, Youssef. Precisamos combinar ambas as abordagens. Hala, como podemos implementar isso de forma integrada?"

Hala: "Sugiro que comecemos emitindo uma declaração oficial que explique o problema e ofereça um pedido de desculpas sincero. Em seguida, começaremos a contatar individualmente os clientes afetados para informá-los sobre as ações que estamos tomando para resolver o problema e compensá-los."

Maya (Gerente de Treinamento): "Podemos também organizar workshops de treinamento para a equipe de atendimento ao cliente para melhorar suas habilidades no manejo de reclamações e gestão de crises."

Khalid (Representante de Atendimento ao Cliente): "Além disso, podemos criar um banco de dados para rastrear todas as reclamações e garantir que cada caso seja acompanhado até a resolução completa."

Adam: "Boa ideia, Khalid. Vamos garantir que a equipe de atendimento ao cliente esteja totalmente equipada para lidar com esta crise de forma eficiente. Podemos preparar um plano de ação detalhado que inclua esses passos?"

Hala: "Sim, vou trabalhar com a equipe para criar um plano que inclua a emissão da declaração oficial, o contato com os clientes afetados e o treinamento da equipe sobre gestão de crises."

Leila: "E eu trabalharei na determinação do orçamento necessário para compensar os clientes e garantir que temos recursos financeiros suficientes para lidar com esta crise."

Youssef: "E eu supervisionarei a equipe técnica para garantir que o problema seja resolvido de forma rápida e eficaz e para evitar que se repita no futuro."

Adam: "Obrigado a todos. Lembrem-se, a comunicação e a colaboração eficazes são o que nos permitirá superar esta crise mais fortes. Vamos começar a implementar este plano imediatamente."

Todos: "Prontos, Adam."

Após melhorar a cultura de comunicação, a equipe notou uma melhoria significativa no trabalho em equipe e um aumento na produtividade dos funcionários.

Por exemplo:

• **Projeto de desenvolvimento de novo produto:** Graças à comunicação eficaz, o projeto foi concluído antes do prazo previsto com alta qualidade.

• **Melhoria no atendimento ao cliente:** Graças à transparência e à boa comunicação, o número de reclamações foi reduzido e a satisfação dos clientes aumentou.

Lições aprendidas:

1. **A importância da comunicação eficaz:**
   o   A comunicação eficaz é a espinha dorsal de qualquer organização bem-sucedida.
   o   A má comunicação leva a mal-entendidos e atrasos na execução dos projetos.
2. **Comunicação interna:**
   o   Reuniões regulares e ferramentas de comunicação digital melhoram a colaboração e a compreensão entre os membros da equipe.
   o   A escuta ativa e a fala clara são habilidades essenciais para melhorar a comunicação.
3. **Comunicação entre departamentos:**
   o   Reuniões conjuntas e comitês de trabalho melhoram a compreensão e a cooperação entre diferentes departamentos.
   o   Abrir canais de comunicação direta com a alta administração aumenta a transparência e a confiança.
4. **Treinamento e ferramentas de comunicação:**
   o   O treinamento em habilidades de comunicação contribui para melhorar o desempenho da equipe.
   o   O uso de ferramentas de comunicação eficazes facilita a gestão de projetos e a comunicação diária.

Ferramentas e Exercícios Práticos
Ferramenta: Modelo de Plano de Comunicação Eficaz

1. Definição de Objetivos: **Quais são os principais objetivos para a comunicação da equipe?**
2. Escolha de Ferramentas: **Quais ferramentas serão usadas para a comunicação?**
3. Estabelecimento de Regras: **Quais regras guiarão a comunicação da equipe?**
4. Avaliação Regular: **Como será avaliada e melhorada a eficácia da comunicação?**

Exercício: Workshop para Melhorar as Habilidades de Comunicação

Reúna sua equipe para um workshop destinado a melhorar as habilidades de comunicação. Forneça palestras curtas sobre escuta ativa, transparência e feedback construtivo. Em seguida, divida a equipe em pequenos grupos para praticar essas habilidades através de cenários da vida real.

Citações Inspiradoras

"A comunicação é a linha vital de qualquer equipe de sucesso." - John C. Maxwell

"A melhor maneira de superar as dificuldades é falar sobre elas abertamente." - Dale Carnegie

---

Perguntas para Discussão

1. Como pode ser melhorada a cultura de comunicação em sua equipe?
2. Quais são as ferramentas mais eficazes para facilitar a comunicação no trabalho?
3. Como os conflitos dentro da equipe podem ser tratados de forma construtiva?

Capítulo Quatro: Delegar Tarefas Eficazmente

Delegar tarefas é um dos elementos essenciais para alcançar o sucesso em qualquer organização. Depois que Adam e sua equipe trabalharam na melhoria da comunicação, o próximo desafio foi aumentar a eficiência do trabalho através da delegação adequada de tarefas. Adam descobriu que alguns gerentes hesitavam em delegar tarefas devido ao medo de perder o controle ou à falta de confiança na capacidade da equipe de executar as tarefas corretamente. Esse problema levou ao esgotamento dos gerentes e a atrasos nos projetos. Ele notou que os gerentes estavam gastando muito tempo em tarefas operacionais, dificultando sua capacidade de se concentrar no planejamento estratégico. Ele realizou uma reunião com a equipe de liderança para discutir esse problema. Durante a reunião, ficou claro que havia uma grande relutância em delegar tarefas e que os gerentes se sentiam pressionados devido à carga operacional excessiva. Assim, perceberam a necessidade de melhorar suas habilidades de delegação de tarefas para garantir a execução eficiente do trabalho e a importância disso para aumentar a produtividade e o desenvolvimento dos funcionários.

A Importância da Delegação de Tarefas

Adam: "Bem-vindos a todos. Hoje queremos falar sobre o processo de delegação de tarefas e a importância de distribuir adequadamente a carga de trabalho. Notei alguma hesitação na delegação de tarefas. Vocês podem compartilhar como se sentem sobre esse assunto?"

Laila: "Honestamente, Adam, me sinto ansiosa quando delego algumas tarefas críticas. Tenho receio de que a qualidade seja afetada ou que o trabalho seja atrasado."

Yusuf: "Sinto o mesmo. Trabalhamos em projetos técnicos sensíveis e, às vezes, acho que é mais fácil e seguro fazer as tarefas eu mesmo, em vez de arriscar delegá-las."

Adam: "Entendo completamente suas preocupações. Mas essa pressão adicional sobre os gerentes pode ser prejudicial. Precisamos encontrar uma maneira de aliviar esses fardos. Laila, você acha que há algo que possamos fazer para aumentar sua confiança na delegação de tarefas?"

Laila: "Talvez se tivéssemos um programa de treinamento para desenvolver as habilidades dos funcionários, eu me sentiria mais confortável em delegar tarefas."

Adam: "Essa é uma boa sugestão. Yusuf, e você? Como podemos ajudá-lo a se sentir confiante ao delegar tarefas?"

Yusuf: "Acho que melhorar o sistema de acompanhamento seria benéfico. Se tivéssemos um mecanismo claro para rastrear o progresso e garantir que tudo está indo conforme o planejado, eu poderia me sentir mais confortável em delegar tarefas."

Adam: "Ótima ideia. Trabalharemos para melhorar o sistema de acompanhamento e fornecer o suporte necessário. Nosso objetivo é construir uma maior confiança entre gerentes e funcionários. Delegar tarefas não é apenas transferir cargas para liberar o tempo dos gerentes; é também uma maneira de desenvolver as habilidades dos funcionários e construir confiança dentro da equipe. Também é uma oportunidade de desenvolver nossa equipe e torná-la mais eficiente."

Laila: "Sim, acho que isso pode ser útil. Se os funcionários forem bem treinados e monitorados adequadamente, pode ajudar a reduzir a pressão."

Yusuf: "Exatamente. E acho que fornecer feedback construtivo regularmente também pode ajudar a melhorar o desempenho e aumentar a confiança."

Adam: "Então, começaremos criando um programa de treinamento abrangente para melhorar as habilidades dos funcionários, e estabeleceremos um sistema de acompanhamento eficaz. Nosso objetivo é capacitar cada membro da equipe a realizar suas tarefas de forma eficiente, permitindo que todos nós nos concentremos nos aspectos estratégicos em vez de nos perdermos nos detalhes operacionais."

Sarah: "Excelente, Adam. Acho que isso será um grande passo para melhorar nosso trabalho em equipe e reduzir a carga sobre os gerentes."

Hala: "Concordo com você, Sarah. Vamos começar a implementar essas ideias o mais rápido possível."

Adam: "Obrigado a todos pela sinceridade. Vamos trabalhar juntos para alcançar esses objetivos e tornar o processo de delegação de tarefas mais eficaz e bem-sucedido."

Portanto, eles perceberam que precisavam melhorar suas habilidades de delegação de tarefas de forma eficaz para garantir a execução eficiente do trabalho. A importância disso está em aumentar a produtividade e desenvolver os funcionários.

Adam decidiu organizar um workshop sobre delegação de tarefas. Com a equipe de liderança e vários funcionários presentes, o workshop começou com uma apresentação sobre a importância da delegação na melhoria da produtividade e no fortalecimento da equipe.

Adam explicou como a delegação adequada pode melhorar as capacidades da equipe e aliviar a carga dos gerentes.

Adam: "Bem-vindos a todos ao workshop de delegação de tarefas. O objetivo de hoje é discutir a importância da delegação e como podemos melhorar esse processo em nossa empresa. A delegação adequada não é apenas uma forma de distribuir cargas, mas também uma ferramenta para capacitar a equipe e aumentar a produtividade."

(Apresentação começa)

Adam: "Primeiro, vamos falar sobre os benefícios da delegação. Quando a delegação é feita corretamente, os gerentes podem se concentrar nos objetivos estratégicos em vez de se perderem nas tarefas diárias. Isso pode aumentar a eficiência do trabalho e contribuir para o desenvolvimento das habilidades de liderança dos funcionários."

(Mostra um slide com estatísticas e benefícios)

Adam: "De acordo com estudos, empresas que dependem de uma delegação eficaz alcançam 30% mais produtividade e têm maior flexibilidade para lidar com desafios. Vamos ouvir vocês, quais dificuldades vocês enfrentam ao delegar tarefas?"

Laila: "Para mim, acho difícil garantir que a tarefa será realizada com a mesma qualidade que espero se não a fizer eu mesma."

Yusuf: "Compartilho a preocupação de Laila. Em projetos de tecnologia, qualquer pequeno erro pode ser caro. Então, tendem a executar as tarefas eu mesmo para garantir a qualidade."

Adam: "Isso é compreensível. Mas lembrem-se, a delegação adequada envolve treinar os funcionários e fornecer os recursos e o suporte necessários. Vamos falar sobre os passos para uma delegação eficaz."

(Mostra um slide contendo os passos para uma delegação eficaz)

Adam: "Primeiro, escolher a pessoa certa. É importante conhecer os pontos fortes e fracos de cada membro da equipe. Segundo, definir claramente as expectativas. Terceiro, fornecer o suporte e os recursos necessários. E finalmente, acompanhar o progresso e fornecer feedback regularmente."

Karim: "Então, como escolhemos a pessoa certa?"

Adam: "Boa pergunta. Vamos falar sobre identificar pontos fortes e fracos. Vamos começar com um exercício simples. Cada gerente escreve uma lista de pontos fortes e fracos para cada membro de sua equipe."

(Os gerentes começam a escrever as listas)

Laila: "Adam, acho que este exercício nos ajudará muito. Há membros da minha equipe que têm certas habilidades que eu não tinha notado."

Adam: "Exatamente, Laila. O objetivo é reconhecer o potencial de cada membro da equipe. Agora, vamos passar para esclarecer as expectativas."

(Mostra um slide sobre como esclarecer expectativas)

Adam: "Ao delegar uma tarefa, devemos esclarecer seu propósito, os passos necessários, os critérios para avaliar os resultados e os prazos. Alguém pode compartilhar um exemplo de uma tarefa delegada com sucesso?"

Yusuf: "Sim, em um projeto recente, deleguei a tarefa de testar o novo sistema a um dos desenvolvedores. Forneci todos os detalhes e o suporte necessário, e acompanhamos o progresso regularmente. O resultado foi excelente, e a tarefa foi concluída no prazo e com alta qualidade."

Adam: "Esse é um ótimo exemplo, Yusuf. Agora, vamos passar para fornecer suporte. O que queremos dizer com suporte e como podemos garantir que os funcionários tenham tudo o que precisam?"

Laila: "O suporte pode ser a provisão de recursos, treinamento contínuo ou até mesmo orientação contínua. Acho que precisamos identificar o tipo de suporte que cada funcionário precisa individualmente."

Adam: "Certo. O suporte deve ser adaptado a cada tarefa e a cada funcionário, pois diferentes funcionários podem precisar de diferentes tipos de suporte. Vamos ver como dar feedback."

(Mostra um slide sobre como dar feedback)

Adam: "O feedback deve ser construtivo e focado na melhoria do desempenho. Deve ser oportuno e focado em comportamentos modificáveis. Alguém pode compartilhar uma experiência em que o feedback foi eficaz?"

Laila: "Uma vez, tive um funcionário que estava entregando relatórios atrasados. Sentei-me com ele e discutimos as razões e as possíveis soluções. Dei-lhe feedback construtivo sobre como melhorar sua gestão do tempo. Depois disso, seu desempenho melhorou significativamente."

Adam: "Ótimo, Laila. Esse é um excelente exemplo de como dar feedback de forma eficaz. Em conclusão, vamos lembrar que a delegação não se trata apenas de distribuir cargas, mas também é uma oportunidade para desenvolver a equipe e construir suas capacidades. Alguém pode me lembrar os fundamentos da delegação eficaz? "

Escolher a pessoa certa para cada tarefa é o primeiro passo para uma delegação eficaz. Yusuf disse:
"Precisamos conhecer os pontos fortes e fracos de cada membro da equipe. Só então podemos delegar tarefas de uma maneira que garanta o sucesso."

Esclarecer expectativas por meio de uma boa comunicação é essencial na delegação de tarefas. Karim disse:
"Deve haver total clareza sobre o que é necessário, os prazos e os padrões esperados."

Fornecer suporte e recursos para uma delegação de tarefas bem-sucedida, os líderes devem fornecer o suporte e os recursos necessários para os funcionários. Laila disse:

"Precisamos garantir que nossos funcionários tenham tudo o que precisam para executar bem as tarefas."

(Adam termina a apresentação)

Adam: "Obrigado a todos pela participação. Agora, temos um exercício prático onde vocês irão delegar uma tarefa real dentro de suas equipes e acompanhar sua execução usando as ferramentas discutidas hoje."

(Todos começam o exercício prático)

Técnicas de Delegação Eficaz

Durante o workshop, foram revisadas várias técnicas para a delegação eficaz de tarefas:

1. **Escolher as Pessoas Certas:**
   - Identificar tarefas adequadas e delegá-las a indivíduos com as habilidades e experiência necessárias.
   - Garantir que o funcionário delegado tenha uma compreensão clara das tarefas e responsabilidades exigidas.
2. **Definir Claramente os Objetivos:**
   - Esclarecer os objetivos e resultados esperados das tarefas delegadas.
   - Fornecer instruções claras e estabelecer os critérios pelos quais o desempenho será medido.
3. **Fornecer Suporte e Assistência:**
   - Garantir que o funcionário tenha os recursos e ferramentas necessários para executar as tarefas.
   - Oferecer orientação e assistência quando necessário, sem interferir nos detalhes do trabalho.
4. **Monitorar e Avaliar:**

- Monitorar regularmente o progresso do trabalho e fornecer feedback construtivo.
- Avaliar o desempenho do funcionário e oferecer feedback para fomentar a melhoria contínua.

Projeto de Desenvolvimento de Website

Laila foi delegada para ser responsável pelo desenvolvimento do novo site da empresa.
Ela identificou a equipe certa, esclareceu as expectativas e forneceu os recursos necessários.
Ela monitorou regularmente o progresso e forneceu feedback construtivo, levando ao lançamento bem-sucedido e pontual do site.

Gestão de Campanha de Marketing

Youssef foi encarregado de gerenciar uma nova campanha de marketing. Ele delegou tarefas de forma eficaz entre os membros da equipe, ajudando a executar a campanha de forma eficiente e a alcançar excelentes resultados.

Em uma tarefa, Adam atribuiu uma tarefa crítica a um novo funcionário sem garantir sua prontidão. Isso levou a atrasos no projeto e à perda de alguns clientes. Esse ponto de virada dramático fez Adam perceber a importância de garantir a prontidão dos funcionários antes de delegar tarefas críticas, bem como consultar o gerente do departamento na seleção dos funcionários.

Sistema de Delegação

Definição Clara de Responsabilidades

Adam estabeleceu um sistema para definir claramente as responsabilidades. O projeto foi dividido em tarefas específicas, cada uma atribuída a um indivíduo com prazos definidos.

Monitoramento do Progresso e Fornecimento de Feedback
Adam implementou um sistema para monitorar regularmente o progresso e fornecer feedback. Ele disse: "Precisamos garantir que acompanhamos o progresso e fornecemos feedback construtivo em tempo hábil."

Infelizmente, apesar de todo o treinamento, houve um atraso na conclusão das tarefas. Quando a questão do atraso foi levantada, surgiu uma tensão entre os gerentes sobre quem deveria assumir a responsabilidade.

Laila sentiu que a responsabilidade recaía sobre o novo funcionário,
enquanto Youssef acreditava que a culpa era dos gerentes por não fornecerem apoio suficiente.
Sarah argumentou que a responsabilidade recaía sobre a pessoa que delegou a tarefa sem garantir a competência.

"Precisamos assumir a responsabilidade por nossas decisões e aprender com nossos erros. Devemos garantir que nossos funcionários estejam prontos antes de atribuir-lhes tarefas críticas", disse Adam firmemente.

Os resultados positivos da aplicação de sistemas de delegação eficazes e da melhoria das habilidades de delegação
incluíram uma melhoria significativa no desempenho e na produtividade da equipe. Por exemplo:

- **Projeto de Desenvolvimento de Novo Produto:** O projeto foi concluído com alta eficiência graças à delegação eficaz.
- **Melhoria da Satisfação do Cliente:** A satisfação do cliente aumentou devido à execução melhor e mais rápida das tarefas.

Lições Aprendidas:

1. **Importância da Delegação na Melhoria da Produtividade:**
   - A delegação adequada permite que os gerentes se concentrem em metas estratégicas.
   - Melhora as capacidades da equipe e aumenta a satisfação dos funcionários.
2. **Escolhendo as Pessoas Certas:**
   - Identificar tarefas apropriadas e delegá-las a indivíduos com as habilidades necessárias.
   - Garantir que o funcionário compreenda as tarefas e responsabilidades necessárias.
3. **Definindo Claramente os Objetivos:**
   - Fornecer instruções claras e definir critérios de medição de desempenho.
   - Garantir que o funcionário conheça os resultados esperados.
4. **Fornecendo Suporte e Assistência:**
   - Fornecer os recursos e ferramentas necessários para executar as tarefas.
   - Oferecer orientação e assistência quando necessário, sem microgerenciar.
5. **Monitoramento e Avaliação:**
   - Monitorar regularmente o progresso e fornecer feedback construtivo.
   - Avaliar o desempenho e oferecer comentários para promover a melhoria contínua.

Ferramentas e Exercícios Práticos:
Ferramenta: Modelo de Plano de Delegação de Tarefas

1. **Identificar Tarefas:** Quais tarefas precisam ser delegadas?
2. **Escolher a Pessoa Certa:** Quem é a melhor pessoa para executar cada tarefa?
3. **Esclarecer Expectativas:** Quais são as expectativas e padrões exigidos?
4. **Fornecer Suporte:** Quais recursos e suporte são necessários para executar as tarefas?
5. **Monitorar o Progresso:** Como o progresso será monitorado e o feedback fornecido?

Exercício: Oficina de Habilidades de Delegação

Reúna sua equipe em uma oficina para melhorar as habilidades de delegação. Apresente palestras curtas sobre os fundamentos da delegação eficaz e depois divida a equipe em pequenos grupos para praticar essas habilidades através de cenários da vida real.

Citações Inspiradoras

"A delegação eficaz é a base da liderança eficaz." - Stephen Covey

"Confiar na sua equipe é o primeiro passo para uma delegação bem-sucedida." - Richard Branson

Perguntas para Discussão

1. Como o processo de delegação de tarefas pode ser melhorado na sua equipe?
2. Quais desafios você enfrenta ao delegar tarefas e como eles podem ser superados?
3. Como garantir que os funcionários recebam suporte suficiente ao delegar tarefas?

Capítulo Cinco: Treinamento e Desenvolvimento Contínuo

A Importância de Investir no Desenvolvimento dos Funcionários

Quando Adam assumiu o cargo de CEO, ele percebeu que o desenvolvimento dos funcionários era um dos pilares fundamentais para alcançar o sucesso a longo prazo. Ele viu que os funcionários eram os ativos mais importantes da empresa e que investir no desenvolvimento de suas habilidades aumentaria sua produtividade e seu compromisso com a empresa. Ele acreditava que um ambiente de trabalho que incentivasse o aprendizado contínuo criaria uma equipe capaz de se adaptar às rápidas mudanças do mercado e inovar constantemente.

Construindo Programas de Treinamento Eficazes

Para implementar sua visão, Adam decidiu organizar programas de treinamento abrangentes que cobrissem todos os aspectos do trabalho. Ele realizou uma reunião com sua equipe para discutir como construir esses programas.

Adam: "Obrigado a todos por virem. Hoje queremos falar sobre como construir programas de treinamento eficazes que nos ajudem a alcançar nossa visão. Sarah, você pode nos fornecer algumas ideias?"

Sarah: "Claro, Adam. Acho que precisamos primeiro analisar as necessidades de treinamento de cada departamento. Podemos realizar pesquisas e entrevistas com os funcionários para identificar as áreas em que precisam melhorar suas habilidades."

Karim: "Além disso, podemos convidar especialistas de fora da empresa para conduzir workshops de treinamento em áreas especializadas. Isso ajudará a trazer novas ideias e métodos modernos de trabalho."

Laila: "Sim, e acho que também é importante oferecer sessões de treinamento internas conduzidas por funcionários experientes dentro da empresa. Isso contribuirá para a troca de conhecimentos e motivará os funcionários."

Youssef: "Não vamos esquecer do treinamento em tecnologias modernas. Devemos ter programas de treinamento contínuos para aprender sobre novos softwares e ferramentas que estão surgindo no mercado."

Adam: "Excelente. Vamos começar desenvolvendo um plano detalhado que inclua uma análise das necessidades de treinamento, identificação de tópicos e instrutores e definição de um cronograma de treinamento. Sarah, você pode assumir este projeto?"

Sarah: "Absolutamente, Adam. Vou começar imediatamente a preparar as pesquisas e entrevistas com os funcionários."

Durante a implementação dos programas de treinamento, a empresa enfrentou alguns desafios. Houve divergências de opinião entre os gerentes sobre como alocar os recursos de treinamento.

Laila: "Precisamos nos concentrar primeiro no treinamento dos departamentos vitais para garantir um rápido retorno do investimento."

Youssef: "Mas todos os departamentos precisam de treinamento igualmente para evitar qualquer queda de desempenho."

Sarah: "Acho que devemos começar com os departamentos vitais, mas não negligenciar os outros. Podemos implementar um cronograma de treinamento por fases que inclua todos os departamentos em rotação."

Oficina: Construção de Programas de Treinamento Eficazes

Sarah e sua equipe realizaram uma oficina para projetar um programa de treinamento abrangente que cobrisse todos os aspectos do trabalho. Eles começaram identificando as necessidades de treinamento por meio de pesquisas e entrevistas com funcionários e gerentes. A oficina focou nos seguintes elementos:

1. **Avaliação das Necessidades de Treinamento:**
   - Foi realizada uma análise para identificar lacunas nas habilidades atuais e determinar áreas que precisam de melhoria.
   - O desempenho atual foi analisado e metas futuras foram estabelecidas para orientar o programa de treinamento.
2. **Design dos Programas de Treinamento:**
   - Os cursos de treinamento foram projetados para atender a diferentes níveis de funcionários, desde iniciantes até executivos.
   - Os programas de treinamento incluíram uma variedade de tópicos, como tecnologia moderna, habilidades gerenciais e atendimento ao cliente.
3. **Implementação dos Programas de Treinamento:**
   - Os cursos foram ministrados por meio de vários métodos, incluindo sessões presenciais, cursos online e oficinas interativas.

- Especialistas e especialistas foram contratados para ministrar o treinamento e garantir a qualidade do conteúdo.
4. **Avaliação da Eficácia do Treinamento:**
    - Foram implementados mecanismos para avaliar a eficácia dos programas de treinamento por meio de pesquisas pós-treinamento e avaliações do desempenho real dos funcionários.
    - Avaliações periódicas foram realizadas para melhorar os programas e garantir o alcance dos objetivos desejados.

Benefícios a Longo Prazo do Desenvolvimento Contínuo

A empresa começou a implementar programas de treinamento e desenvolvimento, e os resultados foram evidentes. Adam e sua equipe notaram um aumento na produtividade dos funcionários e uma melhoria na qualidade do trabalho. Os funcionários se tornaram mais adaptáveis às rápidas mudanças do mercado e mais preparados para inovar e oferecer novas soluções.

Um exemplo notável foi o departamento de marketing. Após uma série de treinamentos sobre o uso de ferramentas de análise digital, a equipe conseguiu aumentar a eficácia de suas campanhas publicitárias em 30%.

Laila também conseguiu reduzir os custos operacionais graças ao treinamento em ferramentas avançadas de análise financeira.

Adam realizou uma reunião para revisar o impacto desses programas na empresa.

Adam: "Olá a todos. Queria que nos reuníssemos hoje para revisar o impacto dos programas de treinamento que implementamos nos últimos meses. Sarah, você pode fornecer um relatório sobre os resultados?"

Sarah: "Certamente, Adam. Observamos um aumento de 15% na produtividade dos funcionários e uma redução de 10% na taxa de erros. Além disso, a pesquisa mostrou que 85% dos funcionários estão satisfeitos com os programas de treinamento e os consideram úteis para desenvolver suas habilidades."

Karim: "Estes são ótimos resultados. Também notei uma melhora no desempenho da equipe de marketing e na capacidade deles de usar novas ferramentas de forma eficaz."

Laila: "Eu também notei uma melhora na eficiência financeira graças ao treinamento em ferramentas financeiras avançadas."

Youssef: "No departamento de tecnologia, nos tornamos mais capazes de adotar e implementar novas tecnologias rapidamente e com eficiência."

Adam: "Isso é excelente. Esses resultados confirmam que nosso investimento no desenvolvimento dos funcionários foi o passo certo. Vamos continuar a melhorar e desenvolver nossos programas de treinamento para garantir que continuemos na vanguarda. Lembrem-se, treinamento não é apenas um custo; é um investimento no nosso futuro."

Todos: "Concordamos, Adam."

Lições Aprendidas:
1. **Importância de Investir no Desenvolvimento dos Funcionários:**
   - Treinamento e desenvolvimento contínuos aumentam a eficiência dos funcionários e a satisfação no trabalho.
   - Empresas que investem no desenvolvimento de seus funcionários desfrutam de maiores taxas de retenção e melhor produtividade.
2. **Construção de Programas de Treinamento Eficazes:**
   - Avaliar as necessidades de treinamento ajuda a projetar programas de treinamento direcionados e eficazes.
   - Uma variedade de métodos de treinamento (presencial, online, interativo) atende a diferentes necessidades e melhora a eficácia do treinamento.
3. **Avaliação da Eficácia do Treinamento:**
   - A avaliação regular dos programas de treinamento garante que os objetivos sejam alcançados e que os programas sejam continuamente melhorados.
   - Pesquisas pós-treinamento e avaliações de desempenho reais ajudam a medir a eficácia do treinamento e identificar áreas de melhoria.
4. **Benefícios a Longo Prazo do Desenvolvimento Contínuo:**
   - Treinamento contínuo leva a uma melhora no desempenho dos funcionários e aumento da produtividade.
   - O desenvolvimento dos funcionários aumenta a satisfação no trabalho,

reduzindo as taxas de rotatividade de funcionários e melhorando o ambiente de trabalho como um todo.

Para garantir um retorno sobre o investimento em treinamento e desenvolvimento de funcionários, meça a melhoria do desempenho, reduza a rotatividade de funcionários acompanhando as taxas de rotatividade e aumente a satisfação do cliente.

Ferramentas e Exercícios Práticos

Para garantir a aplicação das ideias adquiridas na formação, aqui estão alguns exercícios práticos, tais como:

- **Workshops de Simulação:** Para aplicar novas habilidades em um ambiente de trabalho realista.
- **Desafios Diários:** Para motivar os funcionários a utilizarem o que aprenderam nas suas tarefas diárias.
- **Sessões de Revisão Regular:** Para discutir o progresso e trocar ideias sobre como melhorar o desempenho.

Citações Inspiradoras

"O investimento em conhecimento paga os melhores juros." - Benjamin Franklin

Perguntas para Discussão

1. Como podemos garantir a eficácia a longo prazo dos programas de formação?
2. Quais são algumas formas de incentivar os funcionários a adotarem novas habilidades?
3. Como podemos equilibrar a formação de diferentes departamentos sem interromper as operações diárias?

Capítulo Seis: Motivação e Responsabilidade

À medida que a Tech Excel continuava a evoluir e começava a implementar seus planos estratégicos e táticos, Adam percebeu que motivação e responsabilidade eram cruciais para sustentar o sucesso, atingir metas e melhorar o desempenho.

O desafio era encontrar o equilíbrio certo entre motivar os funcionários a aumentar a produtividade, mantendo ao mesmo tempo um alto nível de supervisão para garantir que as metas fossem alcançadas.

Adam: "Olá a todos. Hoje queremos discutir o desempenho geral da nossa equipe e como podemos melhorá-lo. Vamos começar ouvindo suas opiniões sobre os métodos que usamos para gerenciar equipes e alcançar metas. Karim, o que você acha?"

Karim (Gerente de Marketing): "Acredito que a supervisão é necessária para garantir a aderência aos padrões e prazos. Portanto, sempre acompanho de perto cada detalhe do trabalho porque acho que isso mantém a qualidade e evita erros."

Laila (Gerente de Finanças): "Concordo com você, Karim. Em finanças, precisamos de grande precisão, por isso também aplicamos uma supervisão rigorosa. Usamos cronogramas diários de acompanhamento e relatórios detalhados para garantir que cumprimos os orçamentos e prazos."

Youssef (Gerente de Tecnologia): "Do meu ponto de vista, a motivação é a chave. Precisamos de uma equipe que se sinta inspirada e criativa. Foco em dar liberdade às equipes no trabalho e encorajá-las a inovar. Acredito que a confiança na equipe traz melhores resultados a longo prazo."

Hala (Gerente de Relações Públicas): "Também me inclino para a motivação, mas vejo a supervisão como necessária para garantir a qualidade do trabalho. Usamos ferramentas para acompanhar o progresso e identificar áreas de melhoria, mas sempre tento fazer isso parte do processo de motivação, não apenas supervisão."

Sarah (Gerente de RH): "Para mim, o equilíbrio entre motivação e supervisão é essencial. Precisamos implementar programas motivacionais como recompensas de desempenho e reconhecimento público, junto com um monitoramento rigoroso do desempenho para garantir que as metas sejam atingidas. Acredito que a valorização e a motivação impulsionam mais os funcionários do que uma supervisão rigorosa."

Fatima (Gerente de Análise Financeira): "Na análise financeira, descobrimos que o equilíbrio entre supervisão e motivação pode ser alcançado estabelecendo metas claras e específicas para cada equipe. Dessa forma, todos sabem o que se espera deles e se sentem responsáveis, mas também têm a liberdade de se motivar e inovar."

Nada (Gerente de Marketing Digital): "No marketing digital, precisamos nos mover rapidamente e adaptar nossas estratégias constantemente. Então, dou à minha equipe muito espaço para criatividade e experimentação, mas garanto que monitoramos os resultados regularmente para garantir que estamos no caminho certo."

Omar (Analista de Marketing): "Acho que coletar e analisar dados pode nos ajudar a alcançar um equilíbrio entre supervisão e motivação. Quando entendemos melhor nosso desempenho, podemos fornecer feedback construtivo e motivar a equipe a atingir novas metas."

Maya (Gerente de Treinamento): "Do meu ponto de vista, podemos usar o treinamento como uma ferramenta para melhorar tanto a motivação quanto a supervisão. Ao treinar continuamente os funcionários, garantimos que eles possuam as habilidades necessárias e se sintam apoiados, o que melhora seu desempenho e reduz a necessidade de supervisão rigorosa."

Adam: "Obrigado a todos por suas contribuições. É claro que existem abordagens diferentes entre nós. Alguns preferem uma supervisão rigorosa, enquanto outros veem a motivação como a coisa mais importante. Precisamos encontrar uma maneira de combinar ambas as abordagens para garantir que atingimos nossos objetivos sem que a equipe se sinta pressionada ou perca motivação. Vou trabalhar com vocês para desenvolver um plano que equilibre supervisão e motivação para garantir o melhor desempenho possível para a empresa. Nos reuniremos novamente. Obrigado a todos."

O Desafio: Encontrar o Equilíbrio Entre Motivação e Supervisão

Adam: "Obrigado por comparecerem hoje. Queremos discutir como equilibrar supervisão e motivação para garantir o melhor desempenho de nossa equipe. É claro que temos abordagens variadas. Então, vamos ouvir suas sugestões sobre como melhorar essa situação. Karim, o que você acha?"

Karim (Gerente de Marketing): "Acho que precisamos estabelecer padrões claros de desempenho e definir metas com precisão para que todos saibam o que se espera deles. Também podemos usar ferramentas tecnológicas para acompanhar o progresso e reduzir a necessidade de supervisão direta."

Laila (Gerente Financeira): "Concordo com Karim. Padrões claros e ferramentas tecnológicas podem ajudar. Além disso, podemos organizar reuniões de acompanhamento regulares para discutir o progresso e resolver problemas à medida que surgem, em vez de esperar que se acumulem."

Youssef (Gerente de Tecnologia): "Do meu ponto de vista, podemos melhorar a motivação dando mais autonomia às equipes. Podemos definir as metas e deixar que as equipes escolham o método que melhor se adapta para atingir essas metas. Isso lhes dará confiança e responsabilidade."

Hala (Gerente de Relações Públicas): "Acredito que o equilíbrio pode ser alcançado melhorando a comunicação entre as equipes e a gestão. Podemos realizar sessões de feedback regulares para fornecer motivação e reconhecimento de um lado, e identificar as áreas que precisam de melhorias do outro."

Sarah (Gerente de RH): "Acho que podemos usar um sistema de recompensas para incentivar um bom desempenho. Os funcionários precisam ver que seus esforços são apreciados e recompensados. Além disso, podemos implementar programas de treinamento para desenvolver as habilidades necessárias para melhorar o desempenho."

Fatima (Gerente de Análise Financeira): "Concordo que motivação e supervisão devem andar de mãos dadas. Podemos usar relatórios de desempenho para analisar o progresso e fornecer feedback construtivo. Isso ajuda as equipes a entenderem como estão progredindo e as incentiva a melhorar."

Nada (Gerente de Marketing Digital): "No marketing digital, confiamos muito na experimentação e análise. Portanto, podemos usar dados para motivar a equipe. Quando a equipe vê claramente o impacto de seus esforços, isso aumentará sua motivação para alcançar mais."

Omar (Analista de Marketing): "Precisamos estabelecer um sistema para acompanhar regularmente metas e resultados. Isso nos permitirá saber se estamos no caminho certo e fornecer feedback e motivação em tempo hábil."

Maya (Gerente de Treinamento): "Podemos oferecer programas de treinamento focados na delegação eficaz e no desenvolvimento de liderança. Isso dará aos gerentes as ferramentas necessárias para aplicar supervisão e motivação de maneira equilibrada."

Adam: "Excelente, estas são ótimas ideias. Com base no que ouvimos, proponho os seguintes passos:
1. Estabelecer padrões de desempenho claros e metas para cada equipe.
2. Usar ferramentas tecnológicas para acompanhar o progresso e os relatórios de desempenho.
3. Organizar reuniões regulares de acompanhamento para discutir o progresso e resolver problemas.

4. Implementar um sistema de recompensas para incentivar um bom desempenho.
5. Melhorar a comunicação entre as equipes e a gestão.
6. Oferecer programas de treinamento para desenvolver habilidades de liderança e delegação eficaz.

Dessa forma, podemos combinar supervisão e motivação para garantir o alcance dos objetivos e manter o entusiasmo da equipe. O que acham?"

Todos: "Concordamos!"

Adam: "Ótimo! Vamos começar a implementar essas etapas e monitorar como as coisas melhoram. Mas antes disso, vamos estudar isso seriamente e garantir sua qualidade. Obrigado a todos por suas valiosas contribuições."

Oficina: Construindo uma Cultura de Motivação e Responsabilidade

Adam realizou um workshop com sua equipe para discutir como equilibrar motivação e supervisão.

O workshop começou com exemplos de empresas bem-sucedidas que alcançaram esse equilíbrio e como isso melhorou seu desempenho e aumentou a satisfação dos funcionários.

Adam: "Olá a todos, obrigado por estarem aqui hoje. Hoje, discutiremos como construir uma cultura empresarial que combine motivação e responsabilidade. Vamos começar mostrando algumas empresas bem-sucedidas que alcançaram esse equilíbrio de forma eficaz."

Karim: "A partir dos meus estudos, descobri que o Google alcançou significativamente esse equilíbrio. Ao fornecer um ambiente de trabalho que incentiva a inovação e dá aos funcionários a liberdade de tomar decisões, eles viram resultados tangíveis no aumento da produtividade e criatividade."

Laila: "A Apple também conseguiu equilibrar motivação e responsabilidade estabelecendo metas claras e usando um sistema de recompensas baseado no desempenho. Essa abordagem ajudou a motivar os funcionários a alcançar as metas com precisão e eficiência."

Youssef: "No Facebook, usaram análises de dados para monitorar o desempenho e melhorar continuamente os processos. Essa estratégia foi útil para motivar as equipes e responsabilizá-las por seus objetivos estabelecidos."

Hala: "Exemplos como esses mostram que o equilíbrio entre motivação e responsabilidade não se trata apenas de alcançar metas gerenciais, mas também de melhorar a satisfação dos funcionários e construir uma cultura de trabalho positiva."

Sarah: "Do ponto de vista de RH, empresas como a Zappos ofereceram benefícios únicos que aumentam a motivação, como férias ilimitadas e horários de trabalho flexíveis. Essas políticas ajudaram a construir um ambiente motivador e responsável."

Fatima: "Na minha análise de empresas de tecnologia, descobri que o uso de análises financeiras para monitorar o desempenho e fornecer relatórios periódicos pode ser muito benéfico para gerenciar o desempenho de forma eficaz e motivar as equipes."

Nada: "Como gerente de marketing digital, vejo que a inovação contínua e a experimentação desempenham um grande papel na construção de uma cultura de motivação e responsabilidade. Devemos nos esforçar para incentivar a criatividade enquanto monitoramos de perto os resultados."

Omar: "A partir da minha experiência em marketing, podemos usar sistemas de monitoramento e avaliação contínuos para ajudar as equipes a se concentrarem e atingirem efetivamente os objetivos estratégicos."

Maya: "Como gerente de treinamento, incentivo a oferecer programas de treinamento avançados destinados a melhorar as habilidades de liderança e fomentar a criatividade dentro das equipes. Esses programas naturalmente melhoram a motivação e a responsabilidade."

Adam: "Obrigado a todos por seus valiosos contribuições. Com base no que ouvimos, agora queremos aplicar essas ideias em nossa empresa. Estabeleceremos padrões claros de desempenho, usaremos ferramentas técnicas para monitorar o progresso e organizaremos reuniões regulares de acompanhamento. Também trabalharemos no desenvolvimento de programas de treinamento e um sistema de recompensas que melhore o desempenho e a criatividade. Vocês têm mais alguma sugestão antes de começarmos?"

Todos: "Concordamos e estamos prontos para cooperar!"

Adam: "Ótimo! Vamos começar a trabalhar na implementação dessas etapas e manter o espírito de cooperação e motivação em todos os departamentos da empresa. Obrigado mais uma vez por seus esforços."

Definição de Metas de Motivação

Workshops de Motivação

Laila começou realizando um workshop com a equipe para identificar as principais metas de motivação. A equipe elaborou uma lista de metas de motivação que incluem:
- Melhorar o desempenho e a produtividade.
- Aumentar a lealdade e o sentimento de pertença à empresa.
- Incentivar a inovação e a criatividade.
- Apoiar o desenvolvimento profissional e pessoal dos funcionários.

"Precisamos garantir que cada funcionário se sinta valorizado e tenha a oportunidade de crescer e se desenvolver," enfatizou Laila a importância de apoiar o desenvolvimento profissional.

Desenvolvimento do Sistema de Motivação

Estabelecimento de um Sistema de Recompensas

Karim sugeriu estabelecer um sistema de recompensas que melhore o bom desempenho e motive os funcionários a alcançar metas. O sistema incluía:
- Recompensas financeiras para desempenho excepcional.
- Programas de reconhecimento para funcionários que demonstrem dedicação e criatividade.
- Oportunidades de desenvolvimento profissional, como cursos de treinamento e workshops.

"As recompensas não se tratam apenas de dinheiro; é sobre se sentir apreciado e pertencente," apontou Karim a importância dos aspectos não financeiros da motivação.

Implementação de Sistemas de Responsabilidade

Definição de Padrões de Desempenho

Youssef apresentou um plano para implementar sistemas de responsabilidade baseados em padrões de desempenho claros e mensuráveis. O plano incluía:

- Definição de Indicadores Chave de Desempenho (KPIs) para cada função.
- Avaliações regulares de desempenho.
- Sessões de revisão semestrais para discutir progresso e desafios.

"Responsabilidade significa que todos somos responsáveis por alcançar as metas estabelecidas e trabalhar com transparência," explicou Youssef a importância da clareza nos padrões de desempenho.

Execução de Sistemas de Motivação e Responsabilidade

Reuniões de Acompanhamento e Motivação

As equipes começaram a implementar os sistemas de motivação e responsabilidade. Laila organizou reuniões mensais de acompanhamento para revisar o progresso e motivar as equipes a manter um bom desempenho.

"Precisamos permanecer em constante comunicação e continuar a fornecer suporte e apreciação para todos," disse Laila em uma das reuniões de acompanhamento.

Sistema de Motivação Eficaz

Exemplos de Resultados Positivos da Implementação Desses Sistemas
Por exemplo, a equipe de marketing conseguiu aumentar significativamente o número de novos clientes após a implementação do novo sistema de motivação. As recompensas financeiras e os programas de reconhecimento foram uma grande força motriz para eles alcançarem esse sucesso.

História de Sucesso de Ali:
Ali, um dos gerentes de projetos da empresa, enfrentava desafios na gestão de sua equipe e no alcance de metas. Através de avaliações regulares e feedback construtivo, ele melhorou suas habilidades de liderança e desenvolveu sua equipe. Ali se tornou um líder eficaz, e sua equipe alcançou sucessos notáveis em vários projetos, levando a uma melhoria na satisfação do cliente e ao aumento da receita.

Melhoria do Desempenho Geral:
Após a implementação do sistema de recompensas e reconhecimento, Adam notou uma melhora significativa no desempenho dos funcionários e um aumento no entusiasmo e na motivação. A empresa tornou-se mais capaz de alcançar seus objetivos estratégicos e aumentar sua participação no mercado. O fortalecimento do espírito de equipe através de atividades em grupo melhorou o ambiente de trabalho e aumentou a satisfação dos funcionários.

Sistema de Motivação e Responsabilidade
Como Equilibrar Motivação e Controle

1. **Definir Metas Claras e Definidas:**
   - Metas claras ajudam a guiar os esforços da equipe e aumentam o senso de realização quando são alcançadas.
   - Padrões de desempenho foram estabelecidos para cada funcionário e vinculados aos objetivos gerais da empresa.
2. **Incentivar Iniciativas Individuais:**
   - Apoiar novas ideias e iniciativas individuais promove a inovação e a motivação.
   - Recompensas e reconhecimentos são dados aos funcionários que demonstram desempenho excepcional ou apresentam ideias inovadoras.
3. **Fornecer Feedback Construtivo:**
   - Feedback contínuo ajuda os funcionários a entender seus pontos fortes e fracos e a trabalhar para melhorá-los.
   - O feedback deve ser construtivo e voltado para a melhoria do desempenho, não para críticas negativas.
4. **Fornecer um Ambiente de Trabalho Estimulante:**
   - Criar um ambiente de trabalho que incentive a colaboração e a interação positiva entre os funcionários.
   - Organizar eventos e atividades que fortaleçam o espírito de equipe e melhorem as relações entre os funcionários.

Sistemas para Motivar a Equipe e Alcançar a Responsabilidade

1. **Sistema de Recompensas e Reconhecimento:**
   o Um sistema de recompensas baseado no desempenho e nas conquistas foi desenvolvido, incluindo recompensas financeiras e não financeiras, como certificados de apreciação e oportunidades de treinamento.
   o Funcionários excepcionais são reconhecidos nas reuniões mensais da empresa para fomentar um espírito de competição positiva.
2. **Sistema de Avaliação Regular:**
   o Um sistema de avaliação regular foi implementado para revisar o desempenho dos funcionários regularmente e identificar áreas de melhoria.
   o Sessões de revisão semestrais são organizadas para discutir o progresso e alcançar as metas estabelecidas.
3. **Sistema de Responsabilidade em Grupo:**
   o Mecanismos de responsabilidade em grupo são aplicados onde os objetivos são alcançados como equipe, não apenas como indivíduos.
   o Melhorar o espírito de equipe e a colaboração através da responsabilidade compartilhada pelo sucesso do projeto.

Lições Aprendidas:

1. **Equilibrando Motivação e Supervisão:**
   - A motivação aumenta a produtividade e a criatividade, enquanto a supervisão garante que as metas sejam alcançadas e os níveis de desempenho sejam mantidos.
   - A supervisão deve ser baseada na confiança e no apoio, não no controle e na pressão.
2. **Sistemas Eficazes de Motivação e Responsabilidade:**
   - Sistemas de recompensa e reconhecimento promovem competição positiva e aumentam a satisfação dos funcionários.
   - Avaliações regulares ajudam a identificar áreas de melhoria e a melhorar o desempenho contínuo.
   - A responsabilidade coletiva fortalece o espírito de equipe e a colaboração.
3. **Exemplos de Resultados Positivos:**
   - Histórias de sucesso individuais e coletivas destacam a importância da motivação e da responsabilidade no alcance de metas.
   - Melhorar o ambiente de trabalho e aumentar a satisfação dos funcionários leva a uma melhoria no desempenho geral da empresa.

Ferramentas e Exercícios Práticos

Ferramenta: Modelo de Plano de Motivação e Responsabilidade

1. **Definir Metas de Motivação:** Quais são os principais objetivos que buscamos alcançar através da motivação?
2. **Estabelecer Padrões de Desempenho:** Quais padrões utilizaremos para avaliar o desempenho?
3. **Projetar um Sistema de Recompensas:** Como recompensaremos o desempenho excepcional?
4. **Implementar Sistemas de Monitoramento:** Como garantiremos o acompanhamento do progresso e o alcance das metas?

Exercício: Workshop de Motivação e Responsabilidade

Reúna sua equipe para um workshop para desenvolver um sistema de motivação e responsabilidade. Comece definindo metas e padrões, depois projete um sistema de recompensas que atenda às necessidades da sua equipe. Conclua com uma sessão de discussão sobre como implementar esses sistemas de forma eficaz.

Citações Inspiradoras

"A motivação é o que te faz começar. O hábito é o que te faz continuar." - Jim Rohn

"A responsabilidade é o reconhecimento de que todos devem ser responsáveis por suas ações." - Patrick Lencioni

---

Perguntas para Discussão

1. Como você pode melhorar o sistema de motivação em sua equipe?
2. Quais desafios você enfrenta ao implementar sistemas de responsabilidade e como pode superá-los?
3. Como você pode garantir um equilíbrio entre motivação e responsabilidade para alcançar as metas?

Capítulo Sete: Melhoria Contínua e Inovação

À medida que a empresa avançava na conquista de seus objetivos, Adam e sua equipe perceberam que a melhoria contínua e a inovação eram fundamentais para manter o crescimento e a superioridade no mercado. Era necessário criar um ambiente que incentivasse o pensamento criativo e implementasse melhorias regularmente.

Instaurar uma Cultura de Melhoria Contínua
Identificação de Áreas de Melhoria

Adam realizou uma nova reunião com a equipe de liderança para discutir como instaurar uma cultura de melhoria contínua dentro da empresa. A reunião contou com a presença dos principais gerentes, bem como de alguns funcionários de diferentes departamentos.

"Precisamos fazer da melhoria contínua uma parte de nossa cultura diária. Isso requer o compromisso de todos em buscar constantemente maneiras de melhorar o desempenho e inovar em seu trabalho", disse Adam ao iniciar a reunião.

Yousef: "Sim, absolutamente. Vamos começar identificando as áreas que precisam de melhorias. Podemos revisar nosso desempenho atual e identificar as áreas que podemos melhorar?"

Adam: "Concordo, vamos começar revisando nosso desempenho e identificando os pontos nos quais precisamos focar."

A reunião então começou com uma sessão para identificar as áreas que precisavam de melhorias. Yousef liderou a sessão, na qual a equipe revisou o desempenho atual e identificou pontos para melhorias.

"Precisamos ser honestos conosco mesmos e identificar as fraquezas que podemos melhorar", disse Yousef, enfatizando a importância da transparência nesta fase. "Acredito que é importante começar discutindo os processos internos. Analisei nossos níveis atuais de eficiência e produtividade, e há algumas oportunidades para melhorar os processos, especialmente no que diz respeito à simplificação dos procedimentos e à melhor alocação de recursos."

Fatima: "Concordo com você, Yousef. Além disso, há uma necessidade urgente de melhorar o treinamento nos novos processos e atualizá-los regularmente para garantir que estamos em dia com as últimas práticas industriais."

Laila: "Em relação ao atendimento ao cliente, precisamos desesperadamente melhorar nosso tempo de resposta e a qualidade do serviço. Há sugestões sobre como podemos alcançar isso melhor?"

Maya: "Podemos desenvolver um sistema para rastrear o tempo de resposta e o processamento dos pedidos dos clientes, além de melhorar a comunicação com os clientes em todas as etapas do serviço para garantir sua satisfação."

Omar: "Em relação à tecnologia, podemos pensar em atualizar os sistemas atuais e usar novas ferramentas tecnológicas? Isso poderia ajudar a melhorar nossa eficiência e fornecer mais dados para a tomada de decisões."

Sarah: "Concordo com você, Omar. Devemos investir na formação da nossa equipe nos novos sistemas e em como usá-los de forma eficaz."

Adam: "Ótimo, obrigado a todos pelas contribuições valiosas. Agora definiremos passos de ação específicos para cada uma dessas áreas e realizaremos reuniões de acompanhamento regulares para revisar o progresso. Há mais alguma pergunta ou comentário antes de concluirmos?"

Exemplos de Áreas de Melhoria

- Processos Internos: Melhorar a eficiência e a produtividade.
- Atendimento ao Cliente: Melhorar a velocidade de resposta e a qualidade do serviço.
- Tecnologia: Atualizar os sistemas e usar novas ferramentas.
- Marketing: Desenvolver novas estratégias para alcançar os clientes.

Incentivando a Inovação
Oficinas de Inovação

Leila organizou oficinas para fomentar a inovação entre os funcionários. Estas oficinas incluíam sessões de brainstorming e projetos piloto para implementar novas ideias.

"A inovação vem de todos. Devemos encorajar cada funcionário a contribuir com suas ideias e participar da melhoria da empresa", disse Leila, enfatizando a importância da participação coletiva na inovação.

Implementação de Melhorias e Inovações
Execução de Melhorias
Depois de identificar áreas de melhoria e incentivar a inovação, as equipes começaram a implementar melhorias e inovações em suas operações diárias. Karim liderou a equipe de marketing na execução de novas estratégias de marketing, enquanto Yousef liderou a equipe de tecnologia na atualização de sistemas e melhoria de processos.
"A execução é fundamental. Precisamos garantir que implementamos as melhorias de forma eficaz e avaliamos continuamente seu impacto", disse Adam.

Monitoramento de Melhorias
Reuniões de Acompanhamento de Melhorias
Sarah organizou reuniões de acompanhamento regulares para revisar o progresso e avaliar o impacto das melhorias e inovações. Estas reuniões incluíam discussões sobre sucessos, desafios e formas de melhorar continuamente o desempenho.
"Precisamos ser flexíveis e estar preparados para ajustar nossos planos com base nos resultados que obtemos", disse Sarah.

Inovação Bem-Sucedida
A equipe de tecnologia desenvolveu um novo aplicativo que melhorou a experiência e a lealdade dos clientes. Enquanto isso, a equipe de atendimento ao cliente melhorou os tempos de resposta às reclamações, levando a uma maior satisfação dos clientes.

Com estas lições aprendidas, pode-se obter uma compreensão mais profunda da importância deste processo e de como implementá-lo com sucesso no local de trabalho.

1. **Importância da Cultura Organizacional:**
   - **Cultura de Melhoria Contínua:** Promover uma cultura que encoraje a melhoria contínua em todos os níveis da empresa.
   - **Transparência e Abertura:** A importância da transparência e abertura para novas ideias de todos os funcionários.
2. **Avaliação e Análise Regular:**
   - **Análise de Desempenho:** Realização de avaliações regulares de desempenho para identificar pontos fortes e fracos.
   - **Uso de Dados:** Como usar dados e análises para tomar decisões informadas.
3. **Tecnologia e Inovação:**
   - **Adoção de Tecnologia:** Benefícios da adoção de novas tecnologias para aumentar a eficiência e a produtividade.
   - **Investimento em P&D:** A importância de investir em pesquisa e desenvolvimento para permanecer competitivo.
4. **Treinamento e Desenvolvimento:**
   - **Treinamento Contínuo:** A importância de fornecer programas de treinamento contínuo para acompanhar as mudanças tecnológicas e industriais.
   - **Desenvolvimento de Habilidades:** Como desenvolver as habilidades dos funcionários para enfrentar novos desafios.
5. **Gestão da Mudança:**
   - **Adaptação à Mudança:** A importância de se adaptar às mudanças no mercado e na tecnologia.
   - **Engajamento dos Funcionários:** Envolver os funcionários no processo de mudança para garantir seu sucesso.
6. **Colaboração em Equipe:**

- **Comunicação Eficaz:** A importância da comunicação eficaz entre diferentes equipes para melhorar os processos.
- **Trabalho em Equipe:** Promover o trabalho em equipe para resolver problemas e inovar.

7. **Liderança Inspiradora:**
   - **Papel da Liderança:** Como a liderança inspiradora afeta a motivação dos funcionários e encoraja a inovação.
   - **Orientação e Suporte:** A importância de fornecer orientação e suporte contínuos às equipes.

8. **Motivação e Recompensas:**
   - **Sistema de Recompensas:** Desenvolver um sistema de recompensas que encoraje a inovação e a melhoria contínua.
   - **Reconhecimento dos Esforços:** Reconhecer os esforços inovadores dos funcionários e incentivá-los a continuar o bom trabalho.

9. **Planejamento Estratégico:**
   - **Definição de Metas:** Como definir metas estratégicas claras para a melhoria e a inovação.
   - **Criação de Planos Táticos:** Desenvolver planos táticos para alcançar as metas estratégicas.

10. **Aprender com os Erros:**
    - **Aprender com o Fracasso:** A importância de aprender com erros e fracassos como parte do processo de melhoria contínua.
    - **Análise de Fracassos:** Como analisar fracassos e tirar lições deles para melhorar os processos futuros.

Ferramentas e Exercícios Práticos
Ferramenta: Modelo de Plano de Melhoria Contínua
1. Identificar áreas para melhoria: Quais áreas precisam de melhoria?
2. Definir metas: Quais metas queremos alcançar através da melhoria?
3. Desenvolver um plano de melhoria: Quais passos daremos para melhorar o desempenho?
4. Implementar melhorias: Como aplicaremos as melhorias no trabalho diário?
5. Acompanhar as melhorias: Como avaliaremos o impacto das melhorias e faremos os ajustes necessários?

Exercício: Oficina de Inovação
Reúna sua equipe em uma oficina para identificar novas ideias e possíveis melhorias. Use sessões de brainstorming e projetos piloto para implementar novas ideias e avaliar seu impacto.

Citações Inspiradoras
"A melhoria contínua é a base do sucesso duradouro." - W. Edwards Deming

"A inovação distingue um líder de um seguidor." - Steve Jobs

Perguntas para Discussão
1. Como os processos em sua equipe podem ser melhorados para alcançar maior eficiência?
2. Quais novas ideias podem ser aplicadas para promover a inovação em seu trabalho?
3. Como podemos garantir que as melhorias sejam implementadas de forma eficaz e seu impacto seja monitorado continuamente?

Capítulo Oito: Adaptar-se e Responder às Mudanças

À medida que a "Tech Excel" continuava a crescer e a expandir-se para novos mercados e à medida que os mercados evoluíam, Adam percebeu que a capacidade de se adaptar às rápidas mudanças no ambiente de negócios era essencial para manter o sucesso e a excelência. No entanto, adaptar-se à mudança exige um pensamento flexível e estratégias eficazes para lidar com mudanças repentinas. O maior desafio que enfrentou foi como tornar a empresa e seus funcionários resilientes e capazes de se adaptar aos novos desafios e oportunidades que surgem constantemente.

Enfrentando Desafios

A Importância da Flexibilidade no Local de Trabalho e da Adaptação à Mudança

Adam realizou uma reunião extensa com a equipe de liderança para discutir estratégias de adaptação à mudança. A reunião contou com a presença de todos os principais gerentes, bem como de alguns funcionários de diferentes departamentos.

Adam falou sobre a importância da flexibilidade no local de trabalho. Ele enfatizou que as empresas capazes de se adaptar rapidamente às mudanças têm uma vantagem competitiva significativa. Ele apontou exemplos de grandes empresas de tecnologia que conseguiram se manter na vanguarda do mercado devido à sua capacidade de se adaptar a inovações e mudanças.

Adam: "Obrigado a todos por estarem aqui hoje. Como sabem, vivemos em um mundo em rápida mudança, e as empresas que conseguem se adaptar a essas mudanças são aquelas que alcançam sucesso sustentável. Hoje, queremos falar sobre a importância da flexibilidade no local de trabalho e como podemos estar mais preparados para nos adaptar a qualquer mudança que ocorra no mercado ou dentro de nossa empresa."

Leila: "Eu concordo completamente com você, Adam. Vimos muitas grandes empresas como Amazon e Google se manterem na vanguarda devido à sua capacidade de se adaptar rapidamente a inovações e mudanças. Mas como começamos a aplicar esse conceito aqui em nossa empresa?"

Adam: "Vamos começar entendendo que precisamos mudar nossa mentalidade em relação à mudança. Em vez de vê-la como uma ameaça, devemos considerá-la uma oportunidade de crescimento. Youssef, como você vê o papel da tecnologia em melhorar nossa flexibilidade?"

Youssef: "A tecnologia desempenha um papel vital. Precisamos estar prontos para adotar novos sistemas e ferramentas que nos ajudem a melhorar nossa eficiência. Por exemplo, podemos usar tecnologias de IA para analisar dados mais rapidamente e tomar decisões mais inteligentes."

Sarah: "Para recursos humanos, acredito que precisamos de programas de treinamento contínuo para equipar os funcionários com novas habilidades. Isso os ajudará a se adaptar às mudanças técnicas e operacionais."

Karim: "Do ponto de vista do marketing, precisamos estar prontos para ajustar rapidamente nossas estratégias com base nas novas tendências do mercado. Devemos ser mais flexíveis em nossos planos de marketing e responder rapidamente às mudanças nas preferências dos clientes."

Hala: "Do ponto de vista das relações públicas, a comunicação constante com clientes e parceiros é crucial. Precisamos ser transparentes sobre as mudanças que estamos fazendo e como elas os afetarão. Isso construirá confiança e fortalecerá nosso relacionamento com eles."

Adam: "Esses são pontos excelentes. Agora, vamos identificar alguns passos práticos que podemos tomar para melhorar nossa flexibilidade.
Primeiro, precisamos criar equipes multifuncionais que possam lidar com diferentes desafios de forma rápida e eficaz.
Segundo, devemos desenvolver uma cultura de aprendizado contínuo e incentivar os funcionários a adquirir novas habilidades."

Fatima: "Do ponto de vista financeiro, precisamos estar preparados para realocar recursos rapidamente quando necessário. Devemos ser flexíveis com nossos orçamentos e trabalhar para reduzir a burocracia que possa impedir a tomada rápida de decisões."

Maya: "Para o treinamento, podemos organizar workshops regulares focados no desenvolvimento de habilidades de flexibilidade e adaptabilidade. Também podemos convidar especialistas externos para fornecer novas perspectivas sobre como se adaptar às mudanças."

Adam: "Exatamente. Finalmente, precisamos estabelecer um sistema de feedback contínuo de todos os departamentos. Isso nos ajudará a identificar precocemente quaisquer problemas ou oportunidades de desenvolvimento. Comprometamo-nos com essas iniciativas e sejamos um modelo para as empresas que se adaptam com sucesso às mudanças."

Youssef: "Obrigado, Adam. Acredito que todos estamos comprometidos em alcançar esse objetivo. Vamos começar a trabalhar nessas iniciativas imediatamente."

Adam: "Obrigado a todos. Estou confiante de que nossa colaboração levará à flexibilidade que precisamos para o sucesso sustentável."

Análise de Mudanças no Mercado

Sessão de Análise de Mercado

A reunião começou com uma sessão de análise das mudanças no mercado. Karim liderou essa sessão, onde a equipe revisou os dados atuais e as previsões futuras para identificar tendências e possíveis mudanças.

"Precisamos estar cientes do que está acontecendo ao nosso redor. As mudanças no mercado podem ser oportunidades ou ameaças, e precisamos estar preparados para ambas," disse Karim, enfatizando a importância da prontidão.

Desenvolvimento de Estratégias de Adaptação

Formulação de Estratégias de Adaptação

Após analisar as mudanças no mercado, a equipe desenvolveu estratégias para se adaptar a essas mudanças. As estratégias incluíram planos para lidar com a nova concorrência, mudanças nas preferências dos clientes e avanços tecnológicos.

Exemplos de Estratégias de Adaptação

- Inovação contínua: Desenvolvimento de novos produtos e serviços para atender às necessidades em constante mudança do mercado.
- Fortalecimento das relações com os clientes: Aumento da comunicação com os clientes para entender suas necessidades e fornecer soluções personalizadas.
- Melhoria da eficiência: Reavaliação dos processos internos para melhorar a eficiência e reduzir custos.
- Diversificação de mercados: Entrada em novos mercados para reduzir a dependência de um único mercado.

Implementação de Estratégias de Adaptação
Aplicação das Estratégias

Após identificar as estratégias de adaptação, as equipes começaram a implementar essas estratégias em suas operações diárias.

Leila liderou a equipe financeira no desenvolvimento de novos modelos financeiros para apoiar a expansão em novos mercados,

enquanto Youssef liderou a equipe de tecnologia na adoção de novas tecnologias para acompanhar as mudanças tecnológicas.

"Precisamos ser flexíveis e estar prontos para ajustar nossos planos com base nas mudanças que enfrentamos", disse Adam, enfatizando a importância da flexibilidade na execução.

Monitoramento da Adaptação

Sarah organizou reuniões de acompanhamento regulares para revisar o progresso das estratégias e avaliar seu impacto.

Essas reuniões incluíam discussões sobre sucessos, desafios e maneiras de melhorar continuamente o desempenho.

"Adaptar-se à mudança não é um processo único; é um processo contínuo que requer monitoramento constante e ajustes contínuos", disse Sarah.

Adaptação Bem-sucedida à Mudança

Durante a recessão econômica, a Tech Excel foi afetada como outras empresas. No entanto, graças às estratégias de adaptação estabelecidas por Adam, a empresa conseguiu ajustar rapidamente seus planos para reduzir custos e aumentar a eficiência. Recursos foram realocados e algumas equipes foram reestruturadas para garantir a produtividade contínua. Essa resposta rápida ajudou a empresa a superar a crise e permanecer forte no mercado.

A equipe de marketing ajustou suas estratégias com sucesso para enfrentar a nova concorrência, levando a um aumento de 15% na participação de mercado da empresa. Ao mesmo tempo, a equipe de tecnologia adotou novas tecnologias com sucesso, aumentando a eficiência operacional interna em 20%.

Estratégias para se Adaptar a Mudanças Rápidas

1. **Promover uma Cultura de Mudança e Inovação:**
    - Adam incentivou o desenvolvimento de uma cultura organizacional que apoie a inovação e abrace a mudança.
    - Workshops e seminários foram organizados para promover o pensamento inovador e encorajar os funcionários a apresentar novas ideias.

2. **Aprendizado Contínuo e Desenvolvimento Profissional:**
   - Programas de treinamento contínuo foram aprimorados para equipar os funcionários com as habilidades necessárias para se adaptar às mudanças.
   - Os funcionários foram incentivados a participar de cursos de treinamento externos e workshops para se manterem atualizados com as últimas tendências e tecnologias em seu campo.
3. **Análise Contínua de Mercado e Concorrentes:**
   - Equipes especializadas foram formadas para monitorar as mudanças de mercado e analisar as estratégias dos concorrentes.
   - Relatórios regulares foram fornecidos à alta administração sobre novas tendências, desafios potenciais e oportunidades.
4. **Desenvolvimento de Estratégias Flexíveis:**
   - Planos estratégicos flexíveis foram criados para serem rapidamente ajustados com base nas condições mutáveis.
   - O pensamento proativo e o desenvolvimento de planos de contingência foram incentivados para enfrentar crises potenciais.
5. **Desenvolvimento de Habilidades de Liderança Adaptativa:**
   - Os líderes foram treinados sobre como gerenciar a mudança e se adaptar a circunstâncias mutáveis.
   - As habilidades de liderança para tomar decisões rápidas e lidar com a pressão foram fortalecidas.

Lições Aprendidas:

1. **A Importância da Flexibilidade no Local de Trabalho:**
   - A capacidade de se adaptar a mudanças rápidas proporciona às empresas uma vantagem competitiva significativa.
   - Adotar uma cultura de mudança e inovação ajuda a melhorar a flexibilidade organizacional.
2. **Estratégias para se Adaptar a Mudanças Rápidas:**
   - Promover uma cultura de inovação e aprendizado contínuo ajuda a melhorar a adaptabilidade.
   - A análise contínua de mercado e concorrentes ajuda a identificar oportunidades e desafios precocemente.
   - Desenvolver estratégias flexíveis e proativas melhora a capacidade de lidar com crises.
3. **Histórias de Sucesso em Lidar Eficazmente com a Mudança:**
   - Histórias de sucesso refletem a importância da adaptabilidade e flexibilidade na realização de metas e projetos.
   - Respostas rápidas aos desafios contribuem para manter a continuidade dos negócios e alcançar o crescimento.

Ferramentas e Exercícios Práticos

Ferramenta: Modelo de Plano de Adaptação às Mudanças

1. **Identificar Mudanças:** Quais mudanças estamos enfrentando?
2. **Análise de Impacto:** Qual é o impacto dessas mudanças na empresa?
3. **Desenvolver Estratégias de Adaptação:** Quais estratégias usaremos para nos adaptar a essas mudanças?
4. **Implementar Estratégias:** Como aplicaremos essas estratégias nas operações diárias?
5. **Monitorar a Adaptação:** Como avaliaremos o impacto das estratégias e faremos os ajustes necessários?

Exercício: Workshop de Adaptação às Mudanças

Reúna sua equipe em um workshop para identificar mudanças potenciais e desenvolver estratégias para se adaptar a elas. Use sessões de brainstorming para analisar o impacto e desenvolver planos detalhados para cada equipe.

Citações Inspiradoras

"A mudança é a lei da vida. E aqueles que olham apenas para o passado ou o presente certamente perderão o futuro." - John F. Kennedy

"Não é o mais forte ou o mais inteligente que sobreviverá, mas o que melhor consegue lidar com as mudanças." - Charles Darwin

---

Perguntas para Discussão

1. Como sua equipe pode se adaptar às rápidas mudanças do mercado?
2. Quais estratégias podem ser usadas para enfrentar desafios inesperados?
3. Como a resiliência da equipe pode ser melhorada diante das mudanças?

Capítulo Nove: Liderar pelo Exemplo

À medida que a empresa continuava a crescer e alcançar o sucesso, Adam percebeu que o papel mais crucial da liderança era a capacidade de liderar pelo exemplo. Como CEO, suas ações e atitudes influenciavam significativamente o comportamento e a cultura de toda a empresa. Ele queria ser um modelo, inspirando sua equipe e incutindo os valores que defendia.

Liderar pelo Exemplo
Adam começou a reunião com a equipe de liderança lembrando-os da importância de liderar pelo exemplo. A reunião contou com a participação de todos os principais gerentes, bem como alguns funcionários principais. "A liderança não é apenas dar ordens, mas ser o modelo que todos seguem. Devemos refletir os valores que queremos ver em nossa empresa", disse Adam ao abrir a reunião.

Aplicando Valores no Trabalho Diário
Sarah falou sobre como incorporar os valores no trabalho diário através de seu comportamento e ações. "Devemos ser os primeiros a aderir aos valores que promovemos. Integridade, transparência e colaboração devem fazer parte de nossas vidas diárias no trabalho", disse Sarah.

Ser um Modelo
Na reunião da equipe de liderança, Adam incentivou os gerentes a compartilhar suas histórias pessoais sobre como enfrentaram desafios com integridade. Kareem, o diretor de marketing, começou compartilhando uma história sobre uma situação difícil que enfrentou com sua equipe e como lidou com ela com integridade, o que teve um impacto positivo na equipe.

"Não é o mais forte ou o mais inteligente que sobreviverá, mas o que melhor consegue lidar com as mudanças." - Charles Darwin

---

Perguntas para Discussão

1. Como sua equipe pode se adaptar às rápidas mudanças do mercado?
2. Quais estratégias podem ser usadas para enfrentar desafios inesperados?
3. Como a resiliência da equipe pode ser melhorada diante das mudanças?

Capítulo Nove: Liderar pelo Exemplo

À medida que a empresa continuava a crescer e alcançar o sucesso, Adam percebeu que o papel mais crucial da liderança era a capacidade de liderar pelo exemplo. Como CEO, suas ações e atitudes influenciavam significativamente o comportamento e a cultura de toda a empresa. Ele queria ser um modelo, inspirando sua equipe e incutindo os valores que defendia.

Liderar pelo Exemplo

Adam começou a reunião com a equipe de liderança lembrando-os da importância de liderar pelo exemplo. A reunião contou com a participação de todos os principais gerentes, bem como alguns funcionários principais. "A liderança não é apenas dar ordens, mas ser o modelo que todos seguem. Devemos refletir os valores que queremos ver em nossa empresa", disse Adam ao abrir a reunião.

Aplicando Valores no Trabalho Diário

Sarah falou sobre como incorporar os valores no trabalho diário através de seu comportamento e ações. "Devemos ser os primeiros a aderir aos valores que promovemos. Integridade, transparência e colaboração devem fazer parte de nossas vidas diárias no trabalho", disse Sarah.

Ser um Modelo

Na reunião da equipe de liderança, Adam incentivou os gerentes a compartilhar suas histórias pessoais sobre como enfrentaram desafios com integridade. Kareem, o diretor de marketing, começou compartilhando uma história sobre uma situação difícil que enfrentou com sua equipe e como lidou com ela com integridade, o que teve um impacto positivo na equipe.

Kareem: "Gostaria de compartilhar uma história do ano passado, quando estávamos lançando uma nova campanha de marketing. A pressão era imensa e o prazo estava se aproximando rapidamente. Ao revisar os materiais finais, descobri um grande erro em um dos principais anúncios. Poderíamos ter ignorado o erro e lançado a campanha como estava, mas senti que era necessário corrigir."

Sarah: "O que você fez naquela época?"

Kareem: "Tomei uma decisão difícil. Reuni minha equipe e contei a verdade. Disse que tínhamos cometido um erro e precisávamos corrigi-lo antes de lançar a campanha. Sabia que isso significaria trabalhar horas extras e possivelmente perder o prazo, mas estava confiante de que a integridade era primordial."

Leila: "Como a equipe reagiu?"

Kareem: "A princípio, ficaram frustrados e irritados. Não foi fácil para eles aceitar que o trabalho árduo que haviam feito precisava ser reconsiderado. Mas depois de explicar a importância da integridade e como lançar uma campanha com um erro poderia afetar negativamente nossa reputação, começaram a entender."

Youssef: "E como isso impactou a equipe no final?"

Kareem: "Quando a equipe percebeu que eu estava disposto a assumir a responsabilidade e sacrificar o prazo em prol da integridade, a atmosfera mudou completamente. Trabalhamos juntos por horas extras, garantimos que o erro fosse corrigido e lançamos uma campanha impecável. Mais importante, a equipe se sentiu orgulhosa do que havíamos realizado e o respeito deles por mim e por si mesmos cresceu."

Hala: "Esse é um ótimo exemplo de liderança com integridade. Como isso afetou o desempenho da equipe depois?"

Kareem: "Os resultados foram surpreendentes. Não apenas alcançamos nossos objetivos de campanha, mas os superamos. O moral melhorou e a equipe se tornou mais coesa e confiante em suas habilidades. Todos aprendemos que a integridade não é apenas um valor teórico, mas a base do nosso sucesso no trabalho."

Adam: "Obrigado, Kareem, por compartilhar sua história. Isso nos lembra a todos da importância da integridade e de liderar pelo exemplo. Devemos sempre lembrar que nossas equipes nos olham em busca de orientação e devemos ser modelos de como lidar com desafios."

Com essa história, Kareem forneceu um exemplo concreto de como lidar com situações difíceis com integridade, mostrando como tais ações podem aumentar a confiança da equipe e levar a melhores resultados a longo prazo.

Construindo Confiança

Alcançando Confiança através de Ações

Leila enfatizou a importância de construir confiança através de ações, não apenas palavras.
 "A confiança é construída através de ações consistentes e confiáveis. Devemos ser sempre honestos e confiáveis em nossos relacionamentos," disse Leila.

Impacto na Cultura

Impacto Positivo na Cultura da Empresa

Youssef discutiu o impacto de liderar pelo exemplo na cultura da empresa.
"Quando os funcionários veem seus líderes agindo com integridade e transparência, adotam os mesmos comportamentos. Isso cria uma cultura positiva e coesa dentro da empresa," disse Youssef.

Um exemplo notável foi quando Adam decidiu reduzir seu salário durante um período difícil para a empresa para apoiar o orçamento e evitar demissões. Essa decisão aumentou significativamente a confiança e a lealdade dos funcionários para com a empresa.

Ferramentas e Exercícios Práticos
Ferramenta: Modelo de Liderança pelo Exemplo
1. Identificar Valores: Quais valores fundamentais você quer refletir na sua liderança?
2. Incorporar Valores: Como você pode incorporar esses valores nas suas ações diárias?
3. Promover Comportamentos Positivos: Como você pode encorajar comportamentos positivos na sua equipe?
4. Construir Confiança: Quais passos podem ser tomados para construir confiança dentro da equipe?
5. Monitorar Impacto: Como você pode medir o impacto da sua liderança na cultura da empresa?

Exercício: Workshop de Liderança pelo Exemplo
Reúna sua equipe em um workshop para discutir e identificar os valores fundamentais que a liderança deve refletir. Use histórias e experiências da vida real para ilustrar como esses valores podem ser incorporados no trabalho diário.

Citações Inspiradoras
"A liderança não é apenas um título, mas uma responsabilidade de ser um modelo para os outros." - James M. Barrie

"A confiança é a flor, a liderança é a água, ambos precisam um do outro para florescer." - John C. Maxwell

Perguntas para Discussão
1. Como os líderes podem ser bons modelos para sua equipe?
2. Quais valores fundamentais a liderança deve refletir em nossa empresa?
3. Como a liderança pelo exemplo pode impactar a cultura da empresa e o desempenho da equipe?

Capítulo Dez: Participação e Tomada de Decisões Coletivas

Promovendo a Participação na Tech Excel
Após a Tech Excel se adaptar com sucesso às mudanças rápidas, Adam percebeu que promover a participação dos funcionários na tomada de decisões coletivas era o próximo passo para alcançar o sucesso sustentável. Ele sabia que envolver os funcionários na tomada de decisões não só aumentava sua satisfação, mas também melhorava a qualidade das decisões tomadas.

O Desafio: Envolver Todos no Processo de Tomada de Decisões
Em uma reunião da equipe de liderança, Adam notou que alguns gerentes estavam tomando decisões individualmente sem consultar suas equipes. Essa abordagem levou a algumas decisões inadequadas e afetou negativamente o moral dos funcionários. Era claro que havia necessidade de melhorar o processo de tomada de decisões coletivas.

A Importância da Participação na Tomada de Decisões
Adam começou explicando a importância da participação na tomada de decisões. Ele apontou que as decisões coletivas são frequentemente mais abrangentes e sábias devido à diversidade de ideias e experiências compartilhadas pelos membros da equipe. Além disso, a participação melhora o comprometimento dos funcionários na implementação das decisões, pois eles se sentem parte do processo.

Adam: "Obrigado a todos por estarem aqui. Recentemente, percebi que algumas decisões estão sendo tomadas individualmente sem consultar a equipe. Essa abordagem afetou negativamente o moral dos funcionários e levou a algumas decisões inadequadas. Precisamos melhorar o processo de tomada de decisões coletivas."

Sarah: "Concordo com você, Adam. Acredito que a participação da equipe na tomada de decisões pode melhorar a qualidade das decisões."

Karim: "Mas às vezes não há tempo para consultar todos. Como podemos equilibrar a necessidade de tomar decisões rápidas com a participação da equipe?"

Adam: "Esse é um bom ponto, Karim. Podemos encontrar um equilíbrio identificando os tipos de decisões que exigem contribuição coletiva e aquelas que podem ser tomadas rapidamente. Decisões estratégicas, por exemplo, devem incluir toda a equipe, enquanto decisões diárias simples podem ser tomadas individualmente."

Leila: "Concordo. A participação da equipe pode trazer perspectivas diferentes que podem não ser claras para um indivíduo. Podemos estabelecer um processo claro para a tomada de decisões coletivas?"

Youssef: "Sim, podemos desenvolver uma estrutura que inclua sessões regulares de brainstorming e reuniões curtas para avaliar as diferentes opções."

Hala: "Acho que o uso de ferramentas tecnológicas pode facilitar esse processo. Podemos usar plataformas online para votação e compartilhamento de ideias."

Adam: "Boa ideia, Hala. Isso permitirá que todos participem, mesmo que não estejam no mesmo lugar. Além disso, precisamos promover uma cultura de transparência para que todos entendamos as razões por trás das decisões tomadas."

Fatima: "Sim, a transparência é importante. Podemos fornecer relatórios regulares explicando como as decisões são tomadas e as razões por trás delas."

Nada: "E acho que encorajar os funcionários a expressarem suas opiniões e ideias sem medo de críticas será um grande passo para melhorar a participação."

Omar: "Também precisamos organizar sessões de treinamento para melhorar as habilidades de tomada de decisões coletivas na equipe."

Maya: "Concordo. Podemos organizar workshops para treinar todos nessas habilidades e promover uma comunicação eficaz."

Adam: "Bom. Começaremos identificando os tipos de decisões que exigem participação coletiva, desenvolvendo uma estrutura clara de tomada de decisões e usando as ferramentas tecnológicas adequadas. Vamos trabalhar juntos para promover essa cultura. Obrigado a todos."

Oficina: Melhorando a Tomada de Decisão Coletiva

Adam realizou um workshop interativo para melhorar as práticas de tomada de decisão coletiva. O workshop foi dividido em várias sessões focadas em conceitos práticos e ferramentas para promover a participação.

Adam: "Bem-vindos, hoje realizaremos um workshop para melhorar as práticas de tomada de decisão coletiva. Começaremos dividindo o workshop em várias sessões focadas em conceitos práticos e ferramentas para promover a participação. Vamos começar com a primeira rodada."

Sarah: "Qual é o objetivo principal desta primeira sessão, Adam?"

Adam: "A primeira sessão abordará o conceito de tomada de decisão coletiva e a importância de envolver todos os membros da equipe. Começarei explicando como as decisões coletivas são frequentemente mais abrangentes e sábias devido à diversidade de ideias e experiências."

Karim: "Você pode nos dar um exemplo disso, Adam?"

Adam: "Claro, Karim. Por exemplo, quando estávamos planejando o lançamento de um novo produto, o processo de tomada de decisão envolveu todos os departamentos. Isso levou à melhoria do produto graças às diversas ideias contribuídas por toda a equipe. Agora vamos falar sobre as ferramentas que podemos usar para melhorar essa participação."

Leila: "Podemos falar sobre sessões de brainstorming? Como podemos organizá-las de forma eficaz?"

Adam: "Certamente, Leila. Sessões de brainstorming são uma ótima ferramenta. É importante definir um objetivo claro para a sessão e encorajar todos os membros a compartilhar suas ideias livremente, sem medo de críticas. Também podemos usar a técnica de 'rodada de ideias', onde cada membro apresenta uma ideia em cada rodada."

Youssef: "E quanto ao uso da tecnologia? Existem ferramentas que podem nos ajudar a melhorar a participação, mesmo quando estamos em diferentes locais geográficos?"

Adam: "Sim, Youssef. Existem muitas ferramentas tecnológicas, como plataformas de sugestões online e ferramentas de votação online. Essas ferramentas facilitam o compartilhamento de ideias e a votação de forma rápida e eficiente."

Hala: "Eu me pergunto como podemos garantir a transparência no processo de tomada de decisão."

Adam: "A transparência é a chave, Hala. Precisamos compartilhar informações e dados relacionados às decisões com todos os membros da equipe. Também podemos explicar as razões por trás de cada decisão e os possíveis resultados."

Fatima: "Podemos desenvolver um mecanismo claro de tomada de decisão que inclua todos os membros da equipe?"

Adam: "Claro, Fatima. Podemos definir os papéis e responsabilidades de cada membro no processo de tomada de decisão e esclarecer os passos que seguiremos. Isso ajudará a tornar o processo mais organizado e eficiente."

Nada: "E quanto às reuniões regulares? Devemos realizá-las regularmente para acompanhar o progresso?"

Adam: "Sim, Nada. Reuniões regulares são muito importantes para revisar o progresso e avaliar os impactos. Podemos realizar reuniões mensais para acompanhar os planos e ajustá-los conforme necessário."

Omar: "Como podemos garantir que todas as ideias sejam ouvidas e consideradas?"

Adam: "Precisamos encorajar todos a expressar suas opiniões e ideias livremente. Podemos usar técnicas como a 'rodada da mesa', onde cada membro tem a oportunidade de falar sem interrupção."

Maya: "Podemos oferecer sessões de treinamento para melhorar as habilidades de tomada de decisão coletiva entre a equipe?"

Adam: "Sim, Maya. Organizaremos workshops e sessões de treinamento para melhorar essas habilidades e promover uma comunicação eficaz entre a equipe."

Adam: "Tudo bem, vamos agora passar para a sessão prática onde aplicaremos algumas dessas ferramentas em cenários reais. Vamos começar."

Estratégias para Melhorar a Participação e a Tomada de Decisões Coletiva

1. **Criar um Ambiente que Incentive a Participação:**
   - Incentivar os funcionários a expressar suas opiniões e ideias sem medo de críticas.
   - Organizar sessões regulares de brainstorming para gerar ideias e soluções.
2. **Definir uma Estrutura Clara para a Tomada de Decisões:**
   - Estabelecer um mecanismo claro de tomada de decisões que inclua todos os membros da equipe.
   - Definir os papéis e responsabilidades de cada membro no processo de tomada de decisões.
3. **Usar Ferramentas Tecnológicas para Melhorar a Participação:**
   - Utilizar ferramentas tecnológicas como plataformas online de sugestões e votação.
   - Organizar reuniões virtuais para permitir que todos participem, independentemente da localização geográfica.
4. **Promover uma Cultura de Transparência:**
   - Compartilhar informações e dados relacionados às decisões com todos os funcionários.
   - Explicar as razões por trás das decisões e seus possíveis resultados.

Adam: "Ok, vamos começar definindo um cenário específico em que podemos trabalhar. Qual é o primeiro cenário que queremos discutir?"

Sarah: "Acho que melhorar o atendimento ao cliente é uma área importante. Podemos trabalhar em um cenário sobre como lidar com um aumento repentino nas solicitações dos clientes."

Adam: "Excelente. Vamos começar com este cenário. Primeiro, usaremos uma sessão de brainstorming para gerar ideias. Lembrem-se, o objetivo é apresentar o maior número possível de ideias. Vamos começar com cada um de nós propondo uma ideia."

Karim: "Podemos criar uma equipe dedicada para lidar com solicitações em excesso durante os horários de pico."

Leila: "Que tal melhorar o sistema de resposta automática para classificar as solicitações com base na prioridade e importância?"

Youssef: "Podemos aplicar a tecnologia de IA para analisar as solicitações e sugerir as soluções mais eficazes."

Hala: "Aumentar o treinamento dos funcionários em gerenciamento de crises e manejo de alta pressão."

Fatima: "Usar ferramentas de gerenciamento de projetos para rastrear o progresso de cada solicitação e garantir que nenhuma seja perdida."

Nada: "Lançar um aplicativo dedicado através do qual os clientes possam rastrear suas solicitações e apresentar reclamações ou sugestões facilmente."

Omar: "Analisar dados anteriores para identificar os períodos mais movimentados e se preparar com recursos adicionais."

Maya: "Fornecer incentivos para os funcionários que conseguirem lidar com o maior número de solicitações de forma eficiente."

Adam: "Ótimo! Agora temos uma variedade de ideias. Vamos passar para o próximo passo, que é votar nas ideias mais viáveis e priorizá-las. Usarei a ferramenta de votação online de que falamos. Cada um de vocês pode votar nas ideias que acredita serem as mais eficazes."

(Após a Votação)

Adam: "Tudo bem, as ideias que receberam o maior número de votos são:

- Criar uma equipe dedicada para lidar com pedidos excessivos,
- Implementar tecnologia de IA para analisar pedidos,
- e lançar um aplicativo dedicado para clientes. Agora, vamos delinear os passos para implementar essas ideias."

Karim: "Posso assumir a responsabilidade de formar a equipe dedicada, definir horários de trabalho e pontos de contato."

Youssef: "Vou assumir a tarefa de pesquisar e implementar a tecnologia de IA. Vou precisar de algum tempo para identificar o melhor sistema e treinar a equipe em seu uso."

Nada: "Vou trabalhar no desenvolvimento do aplicativo dedicado em colaboração com as equipes de tecnologia e marketing para garantir que atenda às necessidades dos clientes."

Adam: "Excelente. Agora temos um plano claro. Vamos garantir que revisamos periodicamente o progresso de cada ideia. Sarah, você pode organizar reuniões regulares para revisar o progresso?"

Sarah: "Claro, vou agendar reuniões mensais para avaliar o progresso e fornecer os relatórios necessários."

Adam: "Ótimo. Então, temos um plano de trabalho e um sistema de acompanhamento. Obrigado a todos por suas contribuições ativas. Este é um ótimo exemplo de como a tomada de decisões coletiva pode levar a resultados tangíveis. Vamos continuar trabalhando com o mesmo espírito e aplicar essas estratégias em outras áreas."

Melhoria das Operações Internas

Na tentativa de melhorar as operações internas, a gestão da "Tech Excel" decidiu envolver todos os funcionários no processo de melhoria. Uma plataforma online foi criada para coletar sugestões e ideias dos funcionários de todos os departamentos. Graças a esta iniciativa, várias melhorias foram implementadas, resultando em maior eficiência e redução de custos.

Lições Aprendidas
1. **A Importância da Participação na Tomada de Decisões:**
    - A participação melhora a qualidade das decisões e aumenta o compromisso dos funcionários com a implementação.
    - Decisões coletivas beneficiam da diversidade de ideias e experiências.
2. **Estratégias para Melhorar a Participação:**
    - Criar um ambiente que incentive a participação ajuda a reunir ideias diversas e soluções inovadoras.
    - O uso de ferramentas tecnológicas pode melhorar a eficácia da participação e a facilidade de implementação.
    - A transparência no processo de tomada de decisões constrói confiança e aumenta o compromisso.
3. **Histórias de Sucesso que Confirmam a Eficácia da Participação:**
    - Envolver os funcionários na tomada de decisões leva a melhorias tangíveis em produtos e processos.
    - Experiências bem-sucedidas destacam a importância de adotar essas práticas de forma sustentável.

Ao melhorar a participação dos funcionários no processo de tomada de decisões coletivas, Adam e sua equipe na "Tech Excel" conseguiram melhorar a qualidade das decisões e aumentar o compromisso dos funcionários com a implementação. Este passo foi crucial para fortalecer a cultura da empresa e alcançar o sucesso sustentável, confirmando que a participação ativa é a chave para o sucesso no ambiente de trabalho moderno.

Ferramentas e Exercícios Práticos

Ferramenta: Modelo de Plano para Melhorar a Participação na Tomada de Decisões

1. **Identificar Desafios:** Quais são os desafios que a equipe enfrenta no processo de tomada de decisão?
2. **Análise de Impacto:** Qual é o impacto desses desafios na qualidade das decisões e na satisfação dos funcionários?
3. **Desenvolver Estratégias para Melhorar a Participação:** Quais estratégias usaremos para melhorar a participação dos funcionários na tomada de decisão?
4. **Implementar Estratégias:** Como aplicaremos essas estratégias no trabalho diário?
5. **Monitorar o Progresso:** Como avaliaremos o impacto das estratégias e faremos os ajustes necessários?

Exercício: Oficina para Melhorar a Tomada de Decisões em Grupo

Reúna sua equipe para uma oficina para identificar desafios potenciais e desenvolver estratégias para melhorar a participação na tomada de decisões. Use sessões de brainstorming para analisar o impacto e desenvolver planos detalhados para cada equipe.

Citações Inspiradoras

"A participação é o segredo do sucesso no ambiente de trabalho moderno." - Anônimo

"A decisão coletiva é o resultado de múltiplas mentes e experiências diversas." - Anônimo

---

Perguntas para Discussão

1. Como sua equipe pode melhorar a participação no processo de tomada de decisão?
2. Quais estratégias podem ser usadas para promover uma participação eficaz?
3. Como pode ser equilibrada a rapidez na tomada de decisão com a qualidade resultante da participação?

Capítulo Onze: Desenvolvendo um Ambiente de Trabalho Colaborativo

História: Fomentando a Colaboração na Tech Excel

Depois de alcançar sucessos significativos melhorando várias operações, Adam percebeu que o próximo passo para garantir o sucesso sustentado era desenvolver um ambiente de trabalho colaborativo. Ele sabia que a colaboração eficaz entre equipes e indivíduos poderia levar a níveis mais altos de criatividade e eficiência.

O Desafio: Fomentar a Colaboração entre Equipes

Em uma das reuniões mensais, Adam notou que algumas equipes estavam trabalhando de forma isolada, levando a uma falta de comunicação e colaboração entre diferentes departamentos. O objetivo era quebrar essas barreiras e promover um ambiente de trabalho colaborativo que contribuísse para alcançar objetivos comuns.

A Importância da Colaboração no Local de Trabalho

Adam começou explicando a importância da colaboração no local de trabalho. Ele apontou que o trabalho colaborativo melhora a troca de ideias e experiências, contribuindo para a resolução de problemas de forma mais rápida e eficaz. Além disso, a colaboração aumenta o espírito de equipe e a satisfação no trabalho.

Adam: "Bem-vindos à nossa reunião mensal. Há um tema importante que gostaria de discutir hoje. Notei que algumas equipes estão trabalhando de forma isolada, o que levou a uma falta de comunicação e colaboração entre diferentes departamentos. Nosso objetivo é quebrar essas barreiras e promover um ambiente de trabalho colaborativo que contribua para alcançar objetivos comuns."

Sarah: "Sim, também notei isso no departamento de atendimento ao cliente. Alguns dos desafios que enfrentamos poderiam ser resolvidos melhor se nos comunicássemos com outras equipes, especialmente com o departamento de tecnologia."

Karim: "Acredito que a colaboração entre departamentos ajudará a melhorar nossas estratégias de marketing. Se tivermos uma melhor compreensão dos desafios enfrentados pelos departamentos de tecnologia ou atendimento ao cliente, podemos direcionar nossos esforços de forma mais eficaz."

Adam: "Exatamente. O trabalho colaborativo melhora a troca de ideias e experiências, contribuindo para a resolução de problemas de forma mais rápida e eficaz. Além disso, a colaboração aumenta o espírito de equipe e a satisfação no trabalho. Vamos discutir como melhorar essa colaboração."

Youssef: "E se organizarmos reuniões regulares entre os diferentes departamentos para discutir projetos conjuntos e os desafios que enfrentamos? Essas reuniões poderiam ser uma oportunidade para trocar ideias e trabalhar em soluções comuns."

Laila: "Boa ideia. Também acho que podemos usar ferramentas de gestão de projetos que permitam a todas as equipes ver o progresso e os desafios de outros departamentos."

Hala: "Sim, e também poderíamos organizar workshops de treinamento interativos que reúnam funcionários de diferentes departamentos para trabalhar juntos na solução de problemas específicos. Isso ajudaria a construir relacionamentos mais fortes entre as equipes e melhorar a colaboração."

Adam: "Ótimo, vamos esboçar alguns passos práticos para implementar essas ideias. Youssef, você pode organizar as reuniões interdepartamentais regulares?"

Youssef: "Claro, vou começar organizando uma reunião inicial na próxima semana, e veremos como podemos estabelecer esse sistema de forma regular."

Laila: "Vou revisar as ferramentas de gestão de projetos disponíveis e determinar quais são as mais adequadas para a nossa empresa."

Hala: "E eu vou trabalhar para organizar o primeiro workshop de treinamento interativo que reúne funcionários de diferentes departamentos. Podemos começar com um workshop pequeno e depois expandir gradualmente."

Adam: "Excelente. Vamos começar a implementar essas ideias e acompanhar o progresso em nossa próxima reunião. Obrigado a todos pelo entusiasmo e cooperação. Juntos, podemos criar um ambiente de trabalho mais colaborativo e eficaz."

Primeira Reunião Interdepartamental:

Youssef: "Olá a todos, obrigado por comparecerem hoje. Como vocês sabem, estamos aqui para iniciar um sistema de reuniões regulares entre departamentos para melhorar a colaboração e a comunicação. Esta é nossa primeira sessão, e eu gostaria de discutir alguns pontos principais e determinar como podemos trabalhar juntos de forma mais eficaz."

Sarah: "Acho que essa é uma ótima ideia, Youssef. No departamento de atendimento ao cliente, enfrentamos alguns desafios que acredito que poderíamos resolver melhor se colaborássemos com outros departamentos."

Karim: "Sim, e do nosso lado de marketing, precisamos de uma compreensão melhor dos desafios enfrentados pelos departamentos de tecnologia e atendimento ao cliente para direcionarmos nossos esforços com mais precisão."

Laila: "Eu concordo com isso. Na área financeira, é importante para nós entender como as decisões tomadas por outros departamentos afetam nossos orçamentos e alocação de recursos."

Youssef: "Excelente. Vamos começar a definir alguns objetivos principais para essas reuniões. Acho que o primeiro objetivo deve ser identificar os desafios comuns que enfrentamos e trabalhar em soluções coletivas."

Hala: "Boa ideia. Também podemos dedicar parte da reunião para compartilhar atualizações sobre os projetos atuais em cada departamento, o que nos ajudará a manter-nos informados e a ver como podemos apoiar uns aos outros."

Nadia: "Acho que o uso de ferramentas de gestão de projetos pode ajudar nisso. Podemos usar uma plataforma que nos permita compartilhar atualizações, acompanhar o progresso e monitorar desafios."

Youssef: "Definitivamente, precisaremos decidir quais ferramentas usaremos. Acredito que Laila já está revisando as ferramentas disponíveis e fornecerá recomendações na nossa próxima reunião."

Laila: "Certamente."

Youssef: "Ótimo. Vamos agora discutir como organizar essas reuniões. Qual seria a frequência adequada? Vocês preferem se reunir semanalmente ou a cada duas semanas?"

Sarah: "Acho que se reunir a cada duas semanas seria adequado. Isso nos dará tempo suficiente para trabalhar nas tarefas e desafios que discutimos nas reuniões."

Karim: "Concordo. A cada duas semanas parece apropriado e sempre podemos ajustar o cronograma conforme necessário."

Youssef: "Muito bem, então começaremos com reuniões a cada duas semanas. Usaremos essas reuniões como uma oportunidade para discutir desafios, compartilhar atualizações e trabalhar juntos em soluções. Há outras sugestões antes de finalizarmos?"

Hala: "Não acho que haja. Acredito que estamos no caminho certo. Obrigada por organizar isso, Youssef."

Youssef: "Obrigado a todos pela presença e participação. Vamos tornar essas reuniões eficazes e alcançar uma melhor colaboração. Nos encontraremos novamente em duas semanas. Obrigado!"

Oficina: Fortalecendo a Colaboração Entre Departamentos

Preparação e Organização:

- **Seleção de Participantes:** Escolher alguns funcionários de cada departamento (Marketing, Atendimento ao Cliente, Finanças, Tecnologia, Recursos Humanos) para participar do primeiro workshop.
- **Definição de Objetivos:** O objetivo principal é fortalecer a colaboração e trocar ideias e experiências para resolver problemas comuns.
- **Ferramentas e Materiais:** Preparar materiais de treinamento e ferramentas necessárias (por exemplo, planilhas, ferramentas de brainstorming, técnicas interativas).

Início do Workshop:

Hala: "Bem-vindos ao nosso primeiro workshop de treinamento para fortalecer a colaboração entre departamentos. Estou feliz em vê-los aqui hoje. Nosso objetivo é trabalhar juntos para melhorar a colaboração e trocar ideias e experiências entre os diferentes departamentos."

Sessão de Abertura:

Adam: "Obrigado, Hala. Quero começar explicando por que consideramos este workshop importante. A colaboração entre departamentos não é apenas uma boa ideia, é essencial para alcançar nossos objetivos comuns de maneira mais eficaz. Vamos começar com uma breve sessão de apresentações."

Sessão 1: Construção de Equipes e Introdução
- **Atividade de Introdução:** Os participantes são divididos em pequenos grupos, onde cada membro conhece os outros e compartilha informações sobre seu papel e desafios diários.
- **Troca de Funções:** Cada participante explica suas tarefas e responsabilidades para os outros membros da equipe.

Youssef: "É útil entender os papéis e responsabilidades de nossos colegas. Isso nos ajuda a apreciar os desafios que cada departamento enfrenta e como podemos nos apoiar mutuamente."

Sessão 2: Brainstorming para Resolução de Problemas
- **Identificação de Problemas Comuns:** Identificar um conjunto de desafios enfrentados pela empresa que requerem soluções conjuntas.
- **Sessões de Brainstorming:** Os grupos fazem brainstorming para propor soluções criativas para esses desafios.
- **Apresentação dos Resultados:** Cada grupo apresenta seus resultados e sugestões para os outros grupos.

Sarah: "Notamos que alguns desafios que enfrentamos no atendimento ao cliente podem ser resolvidos melhor se colaborarmos com o departamento de tecnologia para melhorar nossas ferramentas."

Sessão 3: Desenvolvimento de Estratégias de Colaboração

- **Elaboração de Planos de Colaboração:** Desenvolver planos práticos para melhorar a colaboração entre os departamentos, incluindo a criação de métodos de comunicação regulares e troca de informações.
- **Definição de Responsabilidades:** Atribuir papéis e responsabilidades a cada departamento na implementação dos planos de colaboração.

Karim: "É bom estabelecer pontos de contato claros entre os diferentes departamentos para garantir um fluxo de informações eficiente."

Sessão de Encerramento: Avaliação e Acompanhamento

- **Avaliação:** O workshop é avaliado pelos participantes para revisar o que foi aprendido e como os futuros workshops podem ser melhorados.
- **Acompanhamento:** Determinar os próximos passos para garantir a implementação eficaz dos planos de colaboração.

Hala: "Obrigado a todos pela participação ativa. Recolheremos seu feedback para melhorar os próximos workshops e expandi-los para incluir mais funcionários."

Adam: "Este workshop foi um primeiro passo importante para fortalecer a colaboração entre nossos departamentos. Vamos continuar trabalhando juntos para alcançar nossos objetivos comuns."

Estratégias para Desenvolver um Ambiente de Trabalho Colaborativo

1. **Incentivar a Comunicação Aberta e Honesta:**
   - Organizar reuniões regulares entre equipes para discutir projetos conjuntos e desafios.
   - Utilizar ferramentas tecnológicas que facilitem a comunicação instantânea e direta entre os funcionários.
2. **Fomentar o Espírito de Equipe:**
   - Organizar atividades de construção de equipes que fortaleçam os laços entre os funcionários.
   - Incentivar os funcionários a participar de eventos sociais e atividades externas.
3. **Desenvolver Espaços de Trabalho Colaborativos:**
   - Projetar espaços de trabalho abertos que permitam fácil interação entre os funcionários.
   - Fornecer áreas comuns para reuniões informais e troca de ideias.
4. **Oferecer Treinamento em Habilidades de Colaboração:**
   - Oferecer programas de treinamento focados em comunicação eficaz e habilidades de trabalho em equipe.
   - Melhorar as habilidades de liderança colaborativa que incentivam o compartilhamento de ideias e o respeito por diferentes perspectivas.
5. **Incentivar Projetos Conjuntos:**
   - Promover o trabalho em equipe em projetos conjuntos que combinem diferentes expertises.
   - Oferecer recompensas e incentivos para equipes que tenham sucesso em projetos colaborativos.

Histórias de Sucesso no Fortalecimento da Colaboração na Empresa

História de Sucesso da Equipe de Marketing e Vendas:

Em um projeto de lançamento de um novo produto, a equipe de marketing trabalhou em estreita colaboração com a equipe de vendas. Foram organizadas sessões de brainstorming conjunto e trocas contínuas de ideias. Graças a essa colaboração, uma campanha de marketing bem-sucedida foi desenvolvida, resultando em um aumento significativo nas vendas em um curto período.

Melhorando os Processos Internos:

A equipe de Recursos Humanos colaborou com a equipe de TI para desenvolver um novo sistema de gestão de desempenho. Graças à cooperação e coordenação contínuas entre as duas equipes, o sistema foi implementado com sucesso, resultando na melhoria dos processos de avaliação de desempenho e no aumento da transparência nas avaliações.

Lições Aprendidas:

1. **A Importância da Colaboração no Local de Trabalho:**
    - A colaboração promove o compartilhamento de ideias e criatividade, além de aumentar a eficiência na resolução de problemas.
    - Um ambiente de trabalho colaborativo contribui para uma maior satisfação dos

funcionários e fortalece o espírito de equipe.

2. **Estratégias Eficazes para Desenvolver um Ambiente de Trabalho Colaborativo:**
   - Incentivar a comunicação aberta e honesta ajuda a construir pontes de cooperação entre as equipes.
   - Organizar atividades de construção de equipe e desenvolver espaços de trabalho colaborativos fortalece os laços entre os funcionários.
   - Oferecer treinamento em habilidades de colaboração melhora a eficácia do trabalho em equipe.

3. **Histórias de Sucesso que Demonstram a Eficácia da Colaboração:**
   - Os esforços conjuntos entre as equipes de marketing e vendas levaram a uma campanha de marketing bem-sucedida e ao aumento das vendas.
   - Melhoria dos processos internos por meio da colaboração entre Recursos Humanos e TI.

Ao promover um ambiente de trabalho colaborativo, Adam e sua equipe na "Tech Excel" alcançaram níveis mais altos de criatividade e eficiência. Esse passo foi crucial para melhorar a cultura da empresa e aumentar a satisfação dos funcionários, destacando que a colaboração eficaz é a chave para o sucesso no ambiente de trabalho moderno.

Ferramentas e Exercícios Práticos para Melhorar a Colaboração em Equipe

Ferramenta: Modelo de Construção de Equipes Colaborativas

1. **Definição de Objetivos Comuns:**
   - Quais são os principais objetivos que cada equipe busca alcançar?
   - Como esses objetivos podem ser integrados para alcançar o sucesso mútuo?
2. **Criação de Canais de Comunicação Eficazes:**
   - Quais ferramentas e tecnologias podem ser usadas para melhorar a comunicação entre as equipes?
   - Como o acesso a informações e recursos pode ser facilitado entre os departamentos?
3. **Incentivar o Compartilhamento de Ideias:**
   - Como pode ser criado um ambiente que encoraje os funcionários a compartilhar suas ideias livremente?
   - Quais são as maneiras de reconhecer e recompensar novas ideias?
4. **Fortalecer o Trabalho em Equipe:**
   - Quais atividades e exercícios podem ser organizados para melhorar o espírito de equipe?
   - Como as tarefas podem ser distribuídas de forma a promover a colaboração e aproveitar as habilidades de todos os membros?
5. **Monitorar e Avaliar o Progresso:**

- Quais critérios podem ser usados para medir o nível de colaboração entre as equipes?
- Como o feedback construtivo pode ser fornecido para melhorar os processos colaborativos?

Exercício: Workshop para Melhorar a Colaboração

Objetivo: Fortalecer a colaboração e o compartilhamento de ideias entre funcionários de diferentes departamentos.

1. **Atividade de Quebra-Gelo:**
   - Divida os participantes em equipes mistas.
   - Cada membro deve se apresentar e compartilhar informações sobre seu papel e desafios diários.
2. **Sessão de Brainstorming:**
   - Identifique um problema ou desafio comum que precise ser resolvido.
   - Faça as equipes trabalharem juntas para propor soluções criativas.
3. **Apresentação dos Resultados:**
   - Permita que cada equipe apresente suas ideias e sugestões para os outros participantes.
   - Discuta como essas ideias podem ser implementadas na prática.
4. **Criação de Planos de Colaboração:**
   - Faça com que as equipes desenvolvam planos práticos para melhorar a colaboração entre os departamentos.

- Defina os papéis e responsabilidades de cada departamento na implementação desses planos.

Citações Inspiradoras

"A colaboração é a capacidade de trabalhar juntos em direção a uma visão comum. É o combustível que permite que indivíduos alcancem resultados extraordinários." - Andrew Carnegie

"O trabalho em equipe é a chave para o sucesso, e quanto mais colaboramos, mais fortes nos tornamos." - Henry Ford

"A colaboração é o que nos une, e o trabalho em equipe é o que nos faz ter sucesso." - Steve Jobs

Perguntas para Discussão

1. Como podemos melhorar a colaboração entre equipes em nossa empresa?
2. Quais desafios enfrentamos na colaboração entre diferentes departamentos e como podemos superá-los?
3. Como podemos melhorar as ferramentas e métodos de comunicação entre departamentos?
4. Quais estratégias podemos usar para fortalecer o espírito de equipe entre os funcionários?
5. Como nossos projetos futuros podem se beneficiar da colaboração entre equipes?

Capítulo 12: Avaliação Periódica de Desempenho

História: A Experiência da Tech Excel com Avaliação de Desempenho

Adam sabia que manter o sucesso que a Tech Excel havia alcançado exigia um mecanismo sólido para avaliação periódica de desempenho. Ele queria garantir que cada funcionário se sentisse valorizado e orientado, e que estivesse ciente dos seus níveis de desempenho e metas futuras.

O Desafio: Avaliar o Desempenho de Forma Eficaz e Justa

No início, Adam e a equipe de liderança enfrentaram o desafio de projetar um sistema de avaliação de desempenho que fosse justo e eficaz. Alguns funcionários sentiam que as avaliações anteriores não eram transparentes nem justas, o que afetava sua satisfação e desempenho. Portanto, era necessário reestruturar o processo para torná-lo mais transparente e objetivo.

Adam: "Olá a todos. Obrigado por estarem aqui hoje. Temos um grande desafio pela frente, que é redesenhar o sistema de avaliação de desempenho para torná-lo mais transparente e justo. Recebi feedback de vários funcionários de que o sistema atual carece de transparência e objetividade, o que impacta negativamente sua satisfação e desempenho."

Layla: "Sim, também ouvi isso de alguns colegas no departamento Financeiro. Eles sentem que as avaliações não são baseadas em critérios claros, e isso causa muita frustração."

Hala: "No departamento de Atendimento ao Cliente, há um sentimento semelhante. Precisamos de um sistema que esclareça o que é esperado de todos e como eles podem melhorar continuamente seu desempenho."

Karim: "Acho que o primeiro passo que devemos dar é estabelecer critérios claros e objetivos para a avaliação de desempenho. Os funcionários precisam saber quais metas precisam alcançar e como serão avaliados."

Youssef: "Concordo com você, Karim. Também é importante que haja uma comunicação contínua entre supervisores e funcionários. A avaliação deve ser um processo contínuo, e não apenas um evento anual."

Adam: "Exatamente. Vamos começar identificando alguns critérios básicos de que precisamos no novo sistema. Quais fatores consideramos essenciais para uma avaliação de desempenho justa?"

Sara: "Acredito que o desempenho individual deve ser avaliado com base em critérios específicos, como alcance de metas, qualidade do trabalho e cumprimento de prazos."

Layla: "Também devemos considerar as habilidades interpessoais, como a capacidade de trabalhar em equipe, a iniciativa e a capacidade de resolver problemas."

Karim: "E não vamos esquecer a importância do aprendizado e desenvolvimento contínuo. Pode haver um componente na avaliação que dependa de quanto um funcionário investe no desenvolvimento de suas habilidades."

Adam: "Certo, então temos vários critérios básicos: desempenho individual, habilidades interpessoais e aprendizado e desenvolvimento contínuo. Agora, vamos pensar em como tornar esses critérios transparentes para todos. Que tal criar um guia abrangente que explique como cada critério será avaliado?"

Youssef: "Ótima ideia. O guia pode incluir exemplos de comportamentos e ações que demonstram a conquista desses critérios."

Sara: "Também poderíamos organizar workshops de treinamento para supervisores e funcionários para explicar o novo sistema e como usá-lo de forma eficaz."

Adam: "Excelente. Vamos definir um plano de ação para implementar este sistema. Layla, você pode trabalhar na elaboração da primeira versão do guia?"

Layla: "Claro, vou começar agora mesmo."

Youssef: "Vou trabalhar na organização dos workshops de treinamento. Podemos começar com o primeiro workshop na próxima semana."

Adam: "Ótimo. Obrigado a todos pelas ideias fantásticas. Tenho certeza de que este novo sistema tornará o processo de avaliação de desempenho mais justo e transparente, aumentando a satisfação e a motivação dos funcionários."

Todos: "Obrigado, Adam."

A Importância da Avaliação de Desempenho Regular

A importância da avaliação regular de desempenho não pode ser subestimada. Não se trata apenas de medir o desempenho, mas também de promover o crescimento pessoal e profissional dos funcionários. As avaliações regulares ajudam a:

- Identificar os pontos fortes e fracos dos funcionários.
- Fornecer feedback construtivo para melhorar o desempenho.
- Definir metas futuras e orientar carreiras.
- Motivar os funcionários reconhecendo suas realizações e oferecendo recompensas adequadas.

Workshop: Desenho de um Sistema de Avaliação de Desempenho

Youssef: "Olá a todos. Obrigado por terem vindo ao primeiro workshop de hoje sobre o novo sistema de avaliação de desempenho. Nosso objetivo hoje é explicar o novo sistema e como usá-lo de forma eficaz para garantir transparência e justiça nas avaliações de desempenho. Vamos começar delineando os principais critérios que usaremos na avaliação."

Layla: "Os principais critérios que identificamos incluem: desempenho individual, habilidades interpessoais e aprendizagem e desenvolvimento contínuos. Cada critério será avaliado com base em um conjunto de comportamentos e ações específicos."

Sara: "Vamos detalhar cada critério e explicar como ele será avaliado. Para o desempenho individual, analisaremos a conquista de metas, a qualidade do trabalho e o cumprimento dos prazos. Os funcionários podem apresentar relatórios mensais ou trimestrais destacando suas conquistas e metas alcançadas."

Karim: "Para as habilidades interpessoais, avaliaremos a capacidade de trabalhar em equipe, a iniciativa e as habilidades de resolução de problemas. Os supervisores podem fornecer exemplos de comportamentos específicos observados ao longo do ano."

Youssef: "A aprendizagem e o desenvolvimento contínuos serão baseados no investimento do funcionário no desenvolvimento de suas habilidades. Os funcionários podem apresentar certificados dos cursos de formação que participaram ou novos projetos em que trabalharam para aprimorar suas habilidades."

Adam: "Certo, vamos passar agora para uma atividade prática. Vou dividi-los em pequenos grupos, e cada grupo trabalhará na criação de exemplos práticos de como aplicar esses critérios nas avaliações de desempenho."

(Os participantes são divididos em pequenos grupos, e cada grupo começa a trabalhar na criação de exemplos práticos.)

Youssef (após 20 minutos): "Vamos ouvir agora o que os grupos chegaram a concluir. Equipe da Sara, vocês podem começar?"

Sara: "Certamente. Para o critério de desempenho individual, determinamos que a realização de metas pode ser avaliada com base nos Indicadores-Chave de Desempenho (KPIs) acordados no início do ano. Por exemplo, no atendimento ao cliente, um KPI pode ser a taxa de satisfação dos clientes."

Layla: "Nossa equipe sugeriu que, para as habilidades de trabalho em equipe, a avaliação pode ser baseada no feedback dos colegas e no envolvimento do funcionário em projetos de equipe. Exemplos de comportamentos positivos podem incluir participação ativa nas reuniões e oferecer ajuda aos colegas."

Karim: "Nossa equipe focou em aprendizado e desenvolvimento contínuos. Propusemos que os funcionários sejam solicitados a relatar sobre os cursos de treinamento que frequentaram ou certificações que obtiveram. O desenvolvimento também pode ser avaliado por meio de projetos inovadores nos quais eles estão trabalhando."

Youssef: "Ótimo! Obrigado a todos pelas excelentes ideias. Agora, vamos discutir como garantir a transparência no processo de avaliação. Layla, você tem alguma ideia?"

Layla: "Sim, podemos preparar um guia abrangente que explique como cada critério será avaliado, juntamente com exemplos específicos. Também podemos organizar sessões regulares para revisar as avaliações com os funcionários para garantir que eles entendam os critérios e como melhorar seu desempenho."

Adam: "Acho que é importante haver uma comunicação contínua entre supervisores e funcionários. Poderíamos realizar reuniões semestrais para discutir o progresso do desempenho e fornecer feedback construtivo."

Youssef: "Exatamente. Também vamos trabalhar na criação de uma plataforma online que permita aos funcionários acompanhar seu progresso e fazer o upload de documentos relevantes relacionados às suas avaliações."

Hala: "Há outras perguntas ou sugestões?"

Participante: "Acho que ter sessões de treinamento regulares nos ajudaria a entender melhor o sistema e garantir sua implementação eficaz."

Youssef: "Excelente ideia. Vamos organizar workshops de treinamento periódicos para esclarecer o sistema e ajudar todos a usá-lo de forma eficaz."

Adam: "Obrigado a todos pela participação ativa. Vamos trabalhar juntos para garantir o sucesso deste sistema e criar um ambiente de trabalho justo e transparente."

Estratégias para Avaliação de Desempenho Regular

1. **Estabelecer Critérios de Avaliação Claros:**
   - Definir critérios específicos de desempenho para cada função, incluindo metas quantitativas e qualitativas.
   - Garantir que os critérios sejam compreendidos e aceitos por todos os funcionários.
2. **Avaliação Completa de 360 Graus:**
   - Coletar feedback de diversos colegas, gestores e clientes para fornecer uma visão abrangente do desempenho do funcionário.
   - Utilizar ferramentas tecnológicas para facilitar a coleta e análise de feedback.

3. **Definir Períodos Regulares de Avaliação:**
   - Realizar avaliações semestrais e anuais para garantir o acompanhamento contínuo do desempenho.
   - Organizar sessões de revisão periódicas para discutir o progresso e os desafios.
4. **Fornecer Feedback Construtivo e Imediato:**
   - Oferecer feedback construtivo para ajudar os funcionários a melhorar seu desempenho.
   - Fornecer feedback imediatamente após eventos significativos para manter a pontualidade e objetividade.
5. **Desenvolver Planos de Crescimento Pessoal:**
   - Trabalhar com cada funcionário para desenvolver um plano de crescimento pessoal que defina metas e treinamentos necessários para melhorar o desempenho.
   - Oferecer suporte e recursos para alcançar essas metas.

Histórias de Sucesso na Implementação do Novo Sistema de Avaliação de Desempenho

História de Sucesso da Sara:

Sara, uma funcionária do suporte técnico na "Tech Excel," estava insatisfeita devido à falta de orientação e reconhecimento. Após a implementação do novo sistema de avaliação, ela recebeu feedback construtivo sobre suas forças e áreas de melhoria. Foi desenvolvido um plano de treinamento para aprimorar suas habilidades técnicas. Graças a esses esforços, o desempenho de Sara melhorou significativamente, sua satisfação no trabalho aumentou e ela recebeu uma promoção em reconhecimento ao seu esforço.

Melhorando o Desempenho Geral da Empresa:

Por meio das avaliações regulares, a equipe de liderança descobriu que alguns processos precisavam ser aprimorados. O feedback dos funcionários foi coletado para identificar áreas de melhoria. Isso levou ao desenvolvimento de novos procedimentos que aumentaram a eficiência do trabalho e reduziram os erros, contribuindo para melhorar o desempenho geral da empresa e aumentar a satisfação dos clientes.

Lições Aprendidas:

1. **Importância da Avaliação Regular de Desempenho:**
   - Avaliações regulares promovem o crescimento pessoal e profissional dos funcionários.
   - Ajuda a identificar pontos fortes e fracos e a fornecer o suporte adequado para melhorar o desempenho.
2. **Estratégias Eficazes para Avaliação de Desempenho:**
   - Estabelecer critérios de avaliação claros e abrangentes garante justiça e transparência.
   - Utilizar avaliações de 360 graus oferece uma visão completa do desempenho do funcionário.
   - Fornecer feedback construtivo e oportuno melhora o timing e a eficácia das avaliações.
3. **Histórias de Sucesso que Destacam a Eficácia das Avaliações Regulares:**
   - Melhorar o desempenho dos funcionários e a satisfação no trabalho por meio de

avaliações regulares e feedback construtivo.
- Desenvolver processos da empresa e aumentar a eficiência por meio da coleta e análise regular de feedback.

Ao implementar um sistema de avaliação de desempenho regular, Adam e sua equipe na "Tech Excel" conseguiram aprimorar o desempenho dos funcionários e aumentar a satisfação no trabalho. Este passo foi crucial para avançar no crescimento da empresa e desenvolver suas capacidades competitivas, confirmando que as avaliações regulares não são apenas uma ferramenta de medição, mas um meio para o desenvolvimento contínuo e motivação.

Ferramentas e Exercícios Práticos

Ferramenta: Sistema de Avaliação Periódica de Desempenho

1. **Definição de critérios de avaliação de desempenho:**
   - Quais são os critérios principais que devem ser usados para avaliar o desempenho dos funcionários?
   - Como esses critérios podem ser definidos para que sejam claros e compreensíveis para todos os funcionários?
2. **Avaliação completa de 360 graus:**
   - Quais são as diferentes fontes de onde podem ser coletados feedbacks para fornecer uma avaliação completa?
   - Como a tecnologia pode ser usada para facilitar o processo de coleta e análise dos feedbacks?
3. **Definição de períodos de avaliação regulares:**
   - Com que frequência devem ser feitas as avaliações para garantir o acompanhamento contínuo do desempenho?
   - Quais são os melhores momentos para realizar essas avaliações ao longo do ano?
4. **Fornecimento de feedbacks construtivos e imediatos:**
   - Como os feedbacks podem ser dados de forma construtiva para ajudar os funcionários a melhorarem seu desempenho?
   - Qual é a melhor maneira de fornecer feedbacks imediatamente após eventos

importantes para manter o timing e a objetividade?
5. **Desenvolvimento de planos de crescimento pessoal:**
    o Como pode-se trabalhar com cada funcionário para desenvolver um plano de crescimento pessoal que defina objetivos e treinamentos necessários para melhorar o desempenho?
    o Quais recursos e suporte podem ser fornecidos para alcançar esses objetivos?

Exercício: Workshop para a criação de um sistema de avaliação de desempenho

Objetivo: Criar um sistema de avaliação de desempenho transparente e justo que satisfaça os funcionários e melhore o desempenho geral da empresa.

Passos:
1. **Reúna a equipe:** Reúna sua equipe em um workshop para definir os critérios principais de avaliação de desempenho para cada função na empresa.
2. **Definição de critérios:** Defina critérios claros de desempenho que incluam objetivos quantitativos e qualitativos, habilidades interpessoais e desenvolvimento contínuo.
3. **Preparação de um guia:** Prepare um guia abrangente que explique como avaliar cada critério, com exemplos de comportamentos e ações exigidos.
4. **Organização de workshops de treinamento:** Organize workshops de treinamento para

supervisores e funcionários para explicar o novo sistema e como usá-lo de maneira eficaz.
5. **Fornecimento de feedback:** Faça um exercício prático sobre como fornecer feedbacks construtivos e imediatos, com exemplos realistas.

Citações Inspiradoras

"A avaliação periódica não é apenas uma ferramenta de medição, mas um meio de desenvolvimento contínuo e motivação." - John C. Maxwell

"Uma avaliação justa é aquela que fortalece a confiança e a satisfação entre os funcionários, incentivando-os a dar o melhor de si." - Peter Drucker

---

Perguntas para Discussão

1. Como a avaliação periódica pode impactar a satisfação e o desempenho dos funcionários?
2. Quais são os critérios principais que devem ser incluídos no processo de avaliação de desempenho?
3. Como podemos garantir a transparência e a justiça no sistema de avaliação de desempenho?
4. Quais benefícios podem ser obtidos pela aplicação de um sistema de avaliação de desempenho abrangente e periódico, tanto para os funcionários quanto para a empresa?
5. Como a avaliação imediata e construtiva pode melhorar o desempenho dos funcionários e contribuir para o crescimento profissional deles?

Capítulo Treze: Sustentabilidade e Responsabilidade Social

Com o crescimento contínuo e o sucesso da empresa, Adam e sua equipe perceberam a importância de pensar no futuro de maneira mais profunda. O objetivo não era apenas alcançar o sucesso financeiro, mas também deixar um impacto positivo na sociedade e no meio ambiente. Assim, decidiram adotar estratégias que visam promover a sustentabilidade e a responsabilidade social da empresa.

A Nova Visão de Sustentabilidade

Adam convocou uma reunião com a equipe de liderança para discutir como integrar a sustentabilidade na visão estratégica da empresa. Todos os principais gerentes e alguns funcionários participaram da reunião.

"A sustentabilidade não é apenas um dever moral, mas também uma oportunidade de impulsionar a inovação e criar valor a longo prazo para a empresa e a sociedade", disse Adam ao iniciar a reunião.

Adam: "Olá a todos, obrigado por estarem aqui hoje. Como vocês sabem, estamos aqui para discutir como integrar a sustentabilidade em nossa visão estratégica. A sustentabilidade não é apenas um dever moral, mas também uma oportunidade de impulsionar a inovação e criar valor a longo prazo para a empresa e a sociedade."

Laila: "Concordo com você, Adam. A sustentabilidade pode nos ajudar a reduzir custos a longo prazo, especialmente se focarmos na eficiência do uso de recursos e energia."

Hala: "E acredito que os clientes valorizam empresas que se preocupam com a sustentabilidade. Isso pode aumentar a lealdade e a confiança dos clientes em nós."

Karim: "Mas como começamos? Quais são os primeiros passos que precisamos dar para integrar a sustentabilidade em nossas operações diárias?"

Adam: "Primeiro, precisamos identificar as principais áreas de foco. Essas podem incluir a melhoria da eficiência energética, a redução de resíduos e o uso de recursos renováveis. O que vocês acham?"

Sara: "Acredito que melhorar a eficiência energética deve ser nossa prioridade. Podemos começar avaliando o consumo de energia em cada departamento e identificando medidas para reduzir esse consumo."

Youssef: "Também podemos investir em tecnologia verde, utilizando dispositivos de eficiência energética e aplicações de IA para gerir os recursos de forma mais eficiente."

Laila: "Além disso, podemos considerar a reciclagem de resíduos e transformá-los em recursos. Isso pode reduzir os custos de eliminação de resíduos e criar novas oportunidades para a utilização de recursos."

Adam: "Bom, vamos definir algumas metas de curto e longo prazo. Por exemplo, uma meta de curto prazo pode ser reduzir o consumo de energia em 10% no próximo ano. Uma meta de longo prazo pode ser converter a empresa para 100% de fontes de energia renováveis em cinco anos."

Hala: "Também devemos garantir o envolvimento dos funcionários nessas iniciativas. Podemos organizar workshops de conscientização e campanhas internas para incentivar a participação ativa."

Karim: "E devemos considerar também nossa cadeia de suprimentos. Podemos escolher fornecedores que sigam padrões de sustentabilidade para garantir que cada etapa da nossa produção esteja alinhada com a nossa visão."

Sara: "Vamos criar um comitê de sustentabilidade com representantes de cada departamento. Este comitê será responsável por monitorar a implementação das iniciativas e fornecer relatórios regulares sobre o progresso."

Adam: "Ótima ideia, Sara. Vamos definir quem estará nesse comitê e realizar uma reunião inicial na próxima semana. Há mais alguma sugestão?"

Youssef: "Também sugiro colaborar com ONGs ou instituições educacionais que possam oferecer aconselhamento e assistência na implementação de projetos de sustentabilidade."

Laila: "E podemos oferecer incentivos aos funcionários que contribuírem com novas ideias para alcançar as metas de sustentabilidade."

Adam: "Excelente, parece que temos um plano de ação sólido. Vou documentar esses pontos e compartilhar com vocês em uma reunião posterior hoje. Obrigado a todos pela participação ativa. Juntos, podemos alcançar muito."

Todos: "Obrigado, Adam."

Definição de Metas de Sustentabilidade

A reunião começou com uma sessão de brainstorming para definir as principais metas de sustentabilidade. Leila liderou a sessão, onde a equipe priorizou iniciativas de sustentabilidade, abrangendo aspectos ambientais e sociais.

Layla: "Bem-vindos a todos e obrigado por estarem aqui. Como vocês sabem, estamos aqui hoje para identificar as prioridades de sustentabilidade que orientarão nossa visão estratégica. Vamos começar com uma sessão de brainstorming para determinar as principais metas de sustentabilidade, abrangendo tanto os aspectos ambientais quanto sociais. Começaremos identificando as áreas que acreditamos ser mais importantes para nossa empresa e comunidade. Alguém tem sugestões iniciais?"

Karim: "Acho que melhorar a eficiência energética deve ser uma das nossas principais prioridades. Poderíamos começar avaliando o consumo de energia em diferentes departamentos e trabalhando para reduzir o desperdício."

Sara: "Concordo com Karim. Além disso, poderíamos focar na redução de resíduos, melhorando os programas de reciclagem e utilizando materiais biodegradáveis."

Hala: "No aspecto social, poderíamos focar na melhoria do ambiente de trabalho e na promoção do bem-estar dos funcionários. Isso poderia incluir programas de saúde mental e formação e desenvolvimento profissional."

Youssef: "Não devemos esquecer o papel da tecnologia na conquista da sustentabilidade. Poderíamos investir em soluções tecnológicas que reduzam o consumo de energia e aumentem a eficiência operacional."

Adam: "E sobre o engajamento com a comunidade local? Poderíamos lançar iniciativas para apoiar a educação e formação nas áreas de tecnologia e meio ambiente."

Layla: "Excelente. Agora temos várias áreas em que queremos nos concentrar: eficiência energética, redução de resíduos, bem-estar dos funcionários, investimento em tecnologia e apoio à comunidade. Vamos definir metas específicas para cada área. Por exemplo, em relação à eficiência energética, quais metas queremos alcançar no próximo ano?"

Karim: "Poderíamos começar reduzindo o consumo de energia em 15% ao longo do próximo ano, usando dispositivos mais eficientes e substituindo sistemas obsoletos."

Sara: "Em termos de redução de resíduos, nossa meta poderia ser reciclar 50% dos resíduos da empresa até o final do ano."

Hala: "Para o bem-estar dos funcionários, poderíamos realizar pesquisas regulares para medir a satisfação dos funcionários e oferecer programas de formação e educação que atendam às suas necessidades."

Youssef: "Na área de tecnologia, poderíamos alocar parte do orçamento de pesquisa e desenvolvimento para desenvolver soluções tecnológicas sustentáveis, como sistemas de gerenciamento de energia inteligentes."

Adam: "E para o apoio à comunidade, poderíamos organizar oficinas de treinamento em colaboração com escolas e universidades locais, e oferecer bolsas de estudo nas áreas de tecnologia e meio ambiente."

Leila: "Ótimo. Vamos resumir o que alcançamos:
1. **Eficiência Energética:** Reduzir o consumo de energia em 15% no próximo ano.
2. **Redução de Resíduos:** Reciclar 50% dos resíduos da empresa até o final do ano.
3. **Bem-Estar dos Funcionários:** Realizar pesquisas regulares e oferecer programas de treinamento e educação.
4. **Investimento em Tecnologia:** Alocar um orçamento para P&D para desenvolver soluções tecnológicas sustentáveis.
5. **Apoio à Comunidade Local:** Organizar oficinas de treinamento e oferecer bolsas de estudo."

Adam: "Obrigado, Leila, por liderar essa sessão produtiva. Agora temos metas claras para trabalhar. Vou acompanhar cada departamento para garantir que essas metas sejam alcançadas. Há alguma sugestão ou comentário antes de encerrarmos a reunião?"

Participante: "Acho que temos um bom plano. Vamos começar a trabalhar na sua implementação."

Leila: "Precisamos ser ambiciosos, mas realistas ao mesmo tempo. Essas metas nos ajudarão a contribuir para um futuro mais sustentável. Obrigado a todos pela participação. Vamos trabalhar juntos para alcançar essas metas e tornar nossa empresa mais sustentável."

Todos: "Obrigado, Leila."

Parcerias Estratégicas

Desenvolvimento de Parcerias com ONGs
A equipe decidiu desenvolver parcerias estratégicas com ONGs e outras empresas para fortalecer as iniciativas de sustentabilidade. Karim entrou em contato com várias organizações ambientais para obter conselhos e colaboração.

Implementação e Monitoramento

Planos de Execução e Monitoramento
As equipes começaram a implementar os planos de sustentabilidade estabelecidos. Youssef liderou uma sessão de planejamento para implementar tecnologias ecológicas nos processos de produção, enquanto Sarah liderou uma sessão para desenvolver programas de treinamento focados em sustentabilidade e responsabilidade social.

- **Equipe de Tecnologia:** Desenvolver tecnologias de produção ecológicas, melhorar a eficiência energética.
- **Equipe de Recursos Humanos:** Organizar programas de treinamento sobre sustentabilidade, promover a diversidade e inclusão.
- **Equipe de Finanças:** Orçamentar iniciativas verdes, avaliar a viabilidade financeira dos investimentos em sustentabilidade.

"Precisamos estar comprometidos em monitorar a implementação de nossos planos e ajustá-los conforme necessário para garantir que alcancemos nossos objetivos," disse Adam.

Ferramentas e Exercícios Práticos
Ferramenta: Modelo de Plano de Sustentabilidade

1. **Definir Objetivos:** Quais são os principais objetivos de sustentabilidade que você deseja alcançar?
2. **Desenvolver Estratégias:** Quais estratégias você utilizará para alcançar esses objetivos?
3. **Implementar Planos:** Quais são os passos práticos necessários para implementar essas estratégias?
4. **Monitorar Progresso:** Como o progresso será monitorado e os resultados avaliados?
5. **Ajustes Contínuos:** Quais mecanismos você usará para se adaptar aos desafios e ajustar os planos conforme necessário?

Exercício: Oficina de Sustentabilidade

Reúna sua equipe em um workshop para identificar e desenvolver planos de sustentabilidade. Utilize sessões de brainstorming e planejamento colaborativo para criar estratégias acionáveis e monitorar o progresso.

Citações Inspiradoras

"A sustentabilidade não é apenas sobre fazer o que é certo; é também um caminho para alcançar o sucesso duradouro."
- Paul Polman

"Cada pequeno passo em direção à sustentabilidade contribui para criar um futuro melhor." - Jacqueline Augustin

---

Perguntas para Discussão

1. Como podemos promover uma cultura de sustentabilidade em nossa empresa?
2. Quais desafios podemos enfrentar na implementação dos planos de sustentabilidade e como podemos superá-los?
3. Como as parcerias estratégicas podem contribuir para alcançar os objetivos de sustentabilidade?

Capítulo Quatorze: Lições Aprendidas e Visão para o Futuro

Revisão da Jornada

Resumo dos Desafios e Sucessos

Após vários anos de trabalho árduo e desafios contínuos, Adam e sua equipe se reuniram para avaliar a jornada que empreenderam. A empresa passou por muitas transformações, começando pela melhoria da comunicação e do planejamento estratégico, seguida pelo desenvolvimento de capacidades organizacionais e pela implementação de iniciativas de sustentabilidade.

"Foi uma jornada cheia de desafios, mas conseguimos alcançar muito graças à colaboração da equipe e ao nosso compromisso com nossa visão," disse Adam orgulhosamente.

Lições Aprendidas

Aprendendo com as Experiências

A equipe discutiu as principais lições que aprenderam ao longo do caminho:

1. **A Importância da Comunicação Eficaz:** Todos enfatizaram que a comunicação aberta e transparente foi essencial para alcançar objetivos comuns.
2. **Adaptabilidade à Mudança:** Youssef destacou que a capacidade de se adaptar rapidamente aos desafios e mudanças foi a chave para o sucesso deles.

3. **Investimento em Treinamento:** Sarah enfatizou que o treinamento contínuo e o desenvolvimento de habilidades tiveram um impacto significativo no desempenho da equipe.
4. **Compromisso com a Sustentabilidade:** Leila falou sobre como a sustentabilidade não era apenas uma responsabilidade social, mas também uma oportunidade de criar valor a longo prazo.

Visão Futura

Planejamento para o Futuro

Após revisar as conquistas e as lições aprendidas, a equipe discutiu os próximos passos da empresa. Todos concordaram em continuar com o compromisso de inovação e desenvolvimento contínuo.

"O futuro está cheio de oportunidades, e devemos estar prontos para aproveitá-las. Continuaremos a focar na melhoria de nossos produtos e serviços, enquanto fortalecemos nossa sustentabilidade e responsabilidade social," disse Adam.

Ferramentas e Exercícios Práticos
Ferramenta: Modelo de Avaliação de Desempenho
1. **Identificar Objetivos Alcançados:** Revisar os objetivos alcançados durante o período anterior.
2. **Análise de Lacunas:** Identificar as lacunas entre os objetivos alcançados e os objetivos planejados.
3. **Desenvolver Planos de Melhoria:** Criar planos para melhorar o desempenho e preencher as lacunas.
4. **Determinar Recursos Necessários:** Identificar os recursos necessários para implementar os planos de melhoria.
5. **Revisão Regular:** Estabelecer um cronograma para revisões regulares de desempenho.

Exercício: Sessão de Avaliação de Desempenho
Reúna sua equipe para uma sessão de avaliação de desempenho e revise os objetivos alcançados. Utilize o Modelo de Avaliação de Desempenho para identificar sucessos e desafios e desenvolver planos para melhoria contínua.

Citações Inspiradoras
"O aprendizado contínuo é a chave para o sucesso em um mundo que muda rapidamente." - John C. Maxwell
"Visão sem execução é um sonho; execução sem visão é um pesadelo." - Thomas Edison

Perguntas para Discussão
1. Como podemos continuar a melhorar a comunicação dentro da equipe?
2. Quais passos podemos tomar para aumentar a sustentabilidade em todos os aspectos do nosso trabalho?
3. Como podemos garantir o compromisso com nossa visão e objetivos futuros?

Conclusão

Ao chegarmos ao final deste livro, fica claro que o caminho para o progresso não está isento de desafios e dificuldades. No entanto, ao nos comprometermos com o aprendizado contínuo e a adaptação às mudanças, nos encontramos equipados com as ferramentas necessárias para enfrentar qualquer desafio que surja em nosso caminho. Aprendemos com as experiências passadas que a comunicação aberta, o investimento na inovação e o compromisso com a sustentabilidade são as chaves para o sucesso em um mundo que exige que olhemos para o futuro com confiança e fé em nossa capacidade de realizar mudanças positivas.

Cada lição e conselho neste livro deve ser visto como um passo em direção ao progresso e desenvolvimento. Encorajamos você a considerá-los como um guia em sua jornada pessoal e profissional. O futuro nos espera com suas oportunidades e desafios, e se conseguirmos superar os obstáculos e alcançar um equilíbrio entre inovação e sustentabilidade, estaremos no caminho certo para construir um mundo melhor para todos.

www.ingramcontent.com/pod-product-compliance
Lightning Source LLC
Chambersburg PA
CBHW052206220526
45471CB00004B/1837